KELLY FISCHER

W0011273

Typisch!

Was dein Sternzeichen über dich verrät

Mit Illustrationen
von Yayo Kawamura

CARLSEN

FSC

Mix

Produktgruppe aus vorbildlich
bewirtschafteten Wäldern und
anderen kontrollierten Herkünften

Zert.-Nr. SGS-COC-001940
www.fsc.org
©1996 Forest Stewardship Council

Originalausgabe
Veröffentlicht im Carlsen Verlag
Juni 2010
Copyright © by Kelly Fischer
Copyright © 2010 Carlsen Verlag GmbH, Hamburg
Alle Rechte vorbehalten
Lektorat: Svenja Drewes
Umschlagvignetten: Yayo Kawamura
Umschlaggestaltung: formlabor
Corporate Design Taschenbuch: Dörte Dosse
Gesetzt aus der Minion und Adeptor
von Dörlemann Satz, Lemförde
Druck und Bindung: GGP Media GmbH, Pößneck
ISBN: 978-3-551-35515-7
Printed in Germany

Alle Bücher im Internet: www.carlsen.de

Typisch!
Was dein Sternzeichen über dich verrät

KELLY FISCHER wurde vor nicht allzu langer Zeit im Zeichen der Waage unter dem Mond der fliegenden Enten geboren. Sie bewohnt die Nordhalbkugel dieser Erde, liebt tanzen, reiten, lesen und joggen und schreibt beruflich allerlei Texte – darunter auch Horoskope. Kelly fand Astrologie und Tarot schon als Teenager nützlich – zum Beispiel, um sich auf lebenswichtige Partys vorzubereiten.

Inhalt

Typisch – und jetzt geht es los!

ASTROLOGIE – EINE KURZE EINLEITUNG

Fast jeder kennt sein Sternzeichen. Schließlich gibt es in fast allen Zeitschriften und Magazinen mittlerweile Horoskope mit Ausblicken auf die nächsten Tage, Wochen und manchmal sogar Monate.

Doch was genau verbirgt sich hinter dem Sternzeichen?

Im Laufe eines Jahres wandert die Sonne durch die zwölf verschiedenen Sternzeichen. Daher nennt man die Sternzeichen auch manchmal »Sonnenzeichen«. Sie bestimmen, welche Grundanlagen man mitbringt. Doch ist jeder Widder stur? Ist jeder Wassermann reiselustig? Und: Ist jede Jungfrau ordentlich? Nun, das muss nicht unbedingt sein. Das allgemeine Horoskop kann nur eine ungefähre Richtung geben. Astrologen, die es genau wissen wollen, schauen sich daher noch viele weitere Punkte an. Sie bestimmen nicht nur, in welchem Sternzeichen man geboren wurde, sondern berücksichtigen auch das genaue Datum, die Geburtsstunde und die Koordinaten des Geburtsortes. Dann erst können sie zum Beispiel den Aszendenten bestimmen (er soll anzeigen, wie der Mensch nach außen wirkt, wie er von seinen Mitmenschen gesehen und wahrgenommen wird) oder die Lage der Planeten, die für verschiedene Aspekte (zum Beispiel Handeln, Gefühl, Entfaltung oder Instinkt) stehen.

In diesem Buch beschäftigen wir uns hauptsächlich mit den zwölf Sonnenzeichen. Die sind am einfachsten zu bestimmen und du kannst mit dem Deuten sofort loslegen – zum Beispiel beim Mädelsabend, auf der Klassenreise oder auch alleine zu Hause.

Noch ein Grund, weshalb wir uns mit Sonnenzeichen beschäftigen: Sie haben astrologisch den größten Einfluss auf unseren Charakter. Damit bestimmen sie, was »typisch« für uns ist.

Viel Spaß beim Lesen!
Eure Kelly

Test: Teste dein Wissen!

Bist du ein alter Horoskop-Hase oder ein Frischling auf dem Gebiet? In dem folgenden Test kannst du dein Astro-Wissen auf die Probe stellen und prüfen, wie gut du dich schon mit Horoskopen auskennst.
Kreuze die Antwort an, die dir richtig erscheint. Am Ende des Tests findest du dann die Auflösung. Für jede richtige Antwort gibt es einen Punkt, für eine falsche Antwort gibt es null Punkte.

1.) Wie viele Sternzeichen gibt es?

a) 10
b) 12
c) 16
d) 4

2.) Wie nennt man die Lehre der Horoskope?

a) Astrophysik
b) Astronomie
c) Horoskopologistik
d) Astrologie

3.) Welches Tier gehört NICHT zu den Sternzeichen?

a) Skorpion
b) Krebs

c) Steinbock

d) Jaguar

4.) Welchen vier Elementen werden die Sternzeichen zugeordnet?

a) Wasser, Feuer, Luft und Erde

b) Wasser, Feuer, Luft und Metall

c) Holz, Eisen, Erde und Stein

d) Süden, Norden, Osten und Westen

5.) Welcher Himmelskörper bestimmt, zu welchem Sternzeichen man gehört?

a) Der Saturn

b) Die Erde

c) Die Sonne

d) Eine Molekülwolke

6.) »Sternzeichen« ist das umgangssprachliche Wort für:

a) Astrokreisbild

b) Sternengrad

c) Horoskopzeichen

d) Tierkreiszeichen

AUFLÖSUNG

AUSWERTUNG

0 Punkte: Astro-Newbie

Horoskope sind für dich wahrscheinlich absolutes Neuland! Das macht aber nichts, denn für dieses Buch musst du kein Vorwissen haben. Ich wünsche dir ganz viel Spaß beim Erkunden deines Sternzeichens!

1-2 Punkte: Astro-Starter

Etwas Ahnung hast du schon von Horoskopen. Ein alter Hase bist du auf dem Gebiet jedoch noch nicht. Aber: Was nicht ist, kann ja noch werden! In diesem Buch findest du viele Infos rund um die zwölf Sternzeichen.

3-5 Punkte: Astro-Checker

Du kennst dich schon recht gut aus in Sachen Astrologie! Super, dann kannst du ja gleich loslegen und tiefer in das Thema einsteigen! Wir wünschen dir viel Spaß!

6 Punkte: Astro-Superstar

Herzlichen Glückwunsch! Du weißt echt Bescheid, wenn es um Horoskope geht. Doch weißt du auch, wie du einen Widder anflirten kannst? Oder welche Blumen der Waage gefallen? Die Antworten darauf und noch viel mehr findest du auf den nächsten Seiten.

7 Punkte: Astro-Schummler :-)

Sieben Punkte? Ups, da hast du dich wohl verzählt …

Die zwölf Sternzeichen im Überblick

Astrologen ordnen den zwölf Sternzeichen verschiedene typische Eigenschaften zu. Zum Beispiel Geduld oder Mut. Zusätzlich gibt es noch viele andere Informationen, die zu den einzelnen Sternzeichen gehören – vom Glücksmetall bis hin zum Lebensmotto. Wir haben für dich eine Auswahl mit den wichtigsten Sternzeicheninfos zusammengestellt.

WIDDER 21. März – 20. April

BLUME Tulpe, Ginster

ELEMENT Feuer

GLÜCKSTAG Dienstag

GLÜCKSTIER Wolf

HAUSTIER Katze

GLÜCKSFARBE Rot (und/oder Rotorange)

FREIZEIT-FUN Widder sind unternehmungslustig und lieben die Abwechslung. Da macht der Kinobesuch ebenso viel Spaß wie die Fahrradtour. Obwohl sie viel Power haben, mögen Widder auch ruhige Hobbys wie Schreiben oder Malen.

ORT ZUM RELAXEN Widder tanken an warmen, südlichen Orten neue Energie. Ideal sind sommerliche Straßencafés. Im Winter hilft auch ein guter Film oder ein spannendes Hörspiel, um den Widder vom Alltagsstress abzulenken.

TYPISCH WIDDER Mutig, aktiv, ehrgeizig, etwas eigensinnig, ungeduldig

Wenn du zur Zeit des Widders geboren bist, hast du die Power des Feuerzeichens in dir. Ab und zu willst du tatsächlich mit dem Kopf durch die Wand – zum Beispiel dann, wenn du unbedingt etwas erreichen willst oder wenn dich jemand aufregt. Das mag auch daran liegen, dass Widder keine Umwege mögen. Allgemein gelten Widder als sehr willensstark und kämpferisch, aber auch als sensibel und verantwortungsbewusst.

Viele Widder-Mädchen mögen ausgedehnte Shoppingtouren. Dabei werden sie immer fündig. Sie haben nämlich viel Sinn für schicke Outfits und coole Angebote.

In Sachen Liebe sind Widder-Mädchen äußerst anspruchsvoll. Sie wollen nicht irgendeinen Typen, sondern den passenden Partner, der sie so liebt, wie sie sind. Wenn sie ihn gefunden haben, sind sie treu wie Gold.

BLUME Pfingstrose

ELEMENT Erde

GLÜCKSTAG Freitag

GLÜCKSTIER Stier

HAUSTIER Vögel (zum Beispiel Wellensittiche) oder Kaninchen

GLÜCKSFARBE Grün

FREIZEIT-FUN Hobbys sind dem Stier sehr wichtig und ein super Ausgleich zum Schulstress. Was immer der Stier macht, es darf nicht hektisch und laut sein. Daher haben Stiere Spaß am Basteln und Werken, am Radfahren und natürlich am Ausschlafen.

ORT ZUM RELAXEN Stiere relaxen im Kreis ihrer Freunde. Ein gemütlicher Grillabend auf der Terrasse ist perfekt, um die Stier-Power nachzuladen.

TYPISCH STIER Gutmütig, ausdauernd, ruhig, eifersüchtig

Du bist also der Stier unter den Sternzeichen. Da werden deine Freunde wahrscheinlich deine geradezu magische Gelassenheit schätzen! Während sie sich hektisch über Kleinigkeiten aufregen, sagst du ganz cool: »Macht mal halblang! Das wird schon!« Tatsächlich meistern Stiere ihr Leben – wie Balu der Bär – mit Ruhe und Gemütlichkeit. Sie genießen die schönen Seiten des Lebens, mögen Unterhaltung und Spiele und freuen sich über gutes Essen. Die Schattenseite: Wenn man einen Stier so richtig reizt, dann wird er irgendwann ziemlich wütend werden – so sehr, dass es kracht!

In der Liebe sind Stier-Mädchen wunderbare Partnerinnen, aber manchmal ein bisschen zu eifersüchtig. In so einem Fall können sie auch schon mal rotsehen und einen Streit vom Zaun brechen!

Als Traumprinzen suchen viele Stier-Mädchen übrigens jemanden aus, den sie erfolgreich anflirten können. Sie schwärmen nicht so oft für unerreichbare Stars wie andere Sternzeichen.

ZWILLINGE 21. Mai – 21. Juni

BLUME Mohn

ELEMENT Luft

GLÜCKSTAG Mittwoch

GLÜCKSTIER Papagei

HAUSTIER Hund

GLÜCKSFARBE Blau

FREIZEIT-FUN Zwillinge lieben die frische Luft. So sind sie eigentlich immer unterwegs, lassen Drachen steigen, treffen sich mit Freunden im Park oder zum Rudern am Fluss.

ORT ZUM RELAXEN Zwillinge erholen sich am besten in der Natur. Im Wald oder am Meer tanken sie Kräfte.

TYPISCH ZWILLINGE Tatkräftig, aufgeschlossen, humorvoll, vielseitig interessiert, unruhig

Egal ob du Geschwister hast oder nicht: Du bist ein Zwilling! Damit gehörst du zu den Luftzeichen. Zwillinge gelten als geistreich, neugierig und aufgeschlossen. Du kannst deine Freunde vermutlich super unterhalten, bist immer für Unternehmungen zu haben und überzeugst durch deine Vielseitigkeit.

Allgemein sagt man über Zwillinge, dass sie zwar etwas unorganisiert, aber flink und erfinderisch sind. Ihr Terminkalender ist selten leer und sie haben viele Bekannte, mit denen sie lose im Kontakt bleiben.

Möglicherweise gehörst du auch zu den Zwillings-Mädchen, die Augen für das Schöne haben. Dann liebst du den Anblick einer Blumenwiese, eines Kunstwerks oder eines schick eingerichteten Zimmers.

In Sachen Liebe lassen sich Zwillinge nicht so schnell einfangen. Im Gegenteil: Sie flattern den Verehrern davon wie ein Schmetterling. Wenn Amors Liebespfeil sie jedoch trifft, sind sie eine super Freundin!

KREBS 22. Juni - 22. Juli

BLUME Rose
ELEMENT Wasser
GLÜCKSTAG Montag
GLÜCKSTIER Hase
HAUSTIER Kaninchen, Meerschweinchen

GLÜCKSFARBE Weiß

FREIZEIT-FUN Krebse können sich stundenlang mit kreativen Aufgaben beschäftigen. Stressige Hobbys mit viel Action hingegen liegen ihnen gar nicht.

ORT ZUM RELAXEN Zu Hause ist es doch am schönsten! Für Krebse sind die eigenen vier Wände der perfekte Wellness-Palast. Alles, was sie brauchen, ist leise Musik und ein gutes Buch – zum Beispiel einen historischen Krimi.

TYPISCH KREBS Verschwiegen, traditionsbewusst, treu, verwundbar

Als du geboren wurdest, stand die Sonne im Zeichen des Krebses. Damit gehörst du zu den sensiblen Mädchen in deinem Freundeskreis. Manche Menschen finden, dass Krebse etwas altmodisch sind. Das liegt daran, dass sie sich für ihre Herkunft interessieren und gerne dicke Schmöker lesen, die in der Vergangenheit spielen. Auch an Familienerbstücken hängen sie sehr. Aber Krebse sind natürlich nicht vollkommen weltfremd, sondern auch an modernen Sachen interessiert!

Allgemein gelten Krebse als verschwiegen und treu, aber auch als rachsüchtig und etwas unberechenbar. Tatsächlich gibt es viele Krebse, die mal total lieb und offen, dann wieder launisch und verschlossen sind.

Um glücklich zu sein, brauchen Krebse ein schönes Zimmer, das sie alleine bewohnen und selbst einrichten dürfen – das ist dann ihr Rückzugsort, wenn Schule, Clique und Eltern mal wieder zu sehr stressen.

Der Traumprinz eines Krebs-Girls ist ein treuer, liebevoller Typ, der möglichst in der Nähe wohnt und seine Freundin gerne besucht.

L Ö W E 23. Juli - 23. August

BLUME Sonnenblume

ELEMENT Feuer

GLÜCKSTAG Sonntag

GLÜCKSTIER Panther

HAUSTIER Katze

GLÜCKSFARBE Rubinrot

FREIZEIT-FUN Löwen sind da, wo Action ist. Sie stürzen sich ins Nachtleben und lieben es, auf Partys zu gehen. Überhaupt ist Feiern ein wichtiger Aspekt im Leben einer Löwin. Partys zu organisieren macht den Raubkatzen tierisch viel Spaß.

ORT ZUM RELAXEN Von Kälte halten Löwen nicht viel. Wer einen Kamin besitzt, wird sich zum Entspannen ganz sicher davorsetzen. Zur Not müssen viele Kerzen her-

halten. Und wenn es im Löwen-Leben schon mal ruhig zu-
geht, dann muss die Lektüre umso spannender sein. Löwen mögen Bücher mit leidenschaftlichen Geschichten.
TYPISCH LÖWE Mutig, draufgängerisch, humorvoll,
selbstbewusst, eitel, egoistisch

Du hast die Power einer Raubkatze, denn du bist im
Zeichen des Löwen auf die Welt gekommen. Du bist immer mit Feuereifer dabei und überzeugst Freunde, Lehrer
und Eltern durch deine Energie, deine Kreativität und dein
selbstbewusstes Auftreten. Den meisten Löwen gefällt es,
im Rampenlicht zu stehen. So übernehmen sie gerne die
Hauptrolle in einem Schulmusical oder treten als Sängerin
in einer Band auf. In jedem Fall haben sie Talent für Thea-
ter und Inszenierungen.
Die Schattenseite: Löwe-Mädchen sind manchmal etwas
eingebildet und wollen auf jeden Fall Recht behalten. Eine
echte Löwin will sich eben nicht einengen lassen oder sich
anpassen müssen. Daher werden Spaßbremsen und sture
Besserwisser einfach gemieden.
Wenn es um die Liebe geht, sind Löwe-Mädchen schnell
dabei ihr Herz zu verlieren. Sie verlieben sich leicht und in-
tensiv. Was sie jedoch gar nicht mögen, sind Jungs, die sie in
ihrer Freiheit einschränken, dauernd anrufen und fragen:
»Was machst du gerade? Können wir uns treffen?«
Um glücklich zu sein, braucht der Löwe viel Abwechslung
und eine Bühne zum Auftreten.

JUNGFRAU 24. August - 23. September

BLUME Dahlie

ELEMENT Erde

GLÜCKSTAG Mittwoch

GLÜCKSTIER Hund

HAUSTIER Hamster, Hund

GLÜCKSFARBE Olivgrün

FREIZEIT-FUN Jungfrauen lernen gerne dazu. Kein Wunder, dass sie in den Ferien mit Vergnügen einen Sprachkurs im Ausland belegen oder sich zu Workshops anmelden. Außerdem lieben Jungfrauen Musik – ob in der Musical-Gruppe oder im Orchester, sie verpassen keine Probe.

ORT ZUM RELAXEN Der Liegestuhl im Garten ist für die fleißige Jungfrau ein guter Platz. Auch im Freibad fühlt die Jungfrau sich wohl und relaxt im Whirlpool.

TYPISCH JUNGFRAU Ordentlich, bescheiden, großzügig, fleißig, manchmal intolerant

Dein Sternzeichen ist Jungfrau? Dann gehörst du zu den Erdzeichen und überzeugst andere durch deine Bodenständigkeit und deine Bescheidenheit. Viele Jungfrauen sind sehr fürsorglich, ziemlich fleißig und manchmal etwas zu sorglos. Sie schätzen den Frieden und schöne Stunden mit Freunden. In der Schule gehören sie oft zu den Gewinnern, denn sie können gut lernen. Besonders in sprachlichen Fächern schneiden Jungfrauen gut ab.

Man sagt über Jungfrauen, dass sie Ordnung lieben. Das kreative Chaos liegt ihnen nicht. Wenn du in diesem Punkt auch typisch Jungfrau bist, ist dein Zimmer wahrscheinlich immer recht gut aufgeräumt, praktisch eingerichtet und hübsch dekoriert.

Der Traumprinz der Jungfrau schätzt ihre sonnige Art und bringt Geborgenheit in ihr Leben. Chaoten kommen bei Jungfrauen schlecht an.

W A A G E 24. September - 23. Oktober

BLUME Lampionblume
ELEMENT Luft
GLÜCKSTAG Freitag
GLÜCKSTIER Nachtigall
HAUSTIER Hund, Pferd
GLÜCKSFARBE Braun

FREIZEIT-FUN Waagen sind in ihrer Freizeit sehr kreativ. Sie schreiben Geschichten, komponieren kleine Lieder oder verschönern ihr Zimmer mit tollen Ideen. Auch wenn sie gerne in der Natur unterwegs sind: Von zu viel Sport halten sie nichts.

ORT ZUM RELAXEN Waagen brauchen den Ausgleich von Stadt und Land, Natur und Kultur. Nur die richtige Mischung lässt sie entspannen. Hohes Relax-Potenzial hat das eigene Zimmer, besonders wenn es unter dem Dach liegt.

TYPISCH WAAGE Kreativ, harmoniebedürftig, gesellig, bequem, wankelmütig

Ausgleich ist dein Thema, wenn du im Zeichen der Waage geboren bist. Obwohl du am liebsten den goldenen Mittelweg anstrebst, locken ständig die Extreme. Vielleicht kennst du es ja, zwischen krasser Diät und Schlemmertag zu schwanken, oder zwischen anstrengendem Leistungssport und gemütlichem Abhängen auf dem Sofa. Die Balance zu finden ist für Waagen jedenfalls nicht leicht. Dafür haben sie andere Stärken. Sie sind einfach unschlagbar, wenn es darum geht, Frieden zu stiften. Waagen sind kreativ, sprachbegabt, humorvoll und harmoniebedürftig. Daher streiten sie sich selten. Und wenn es doch mal Zoff gibt, dann zehrt das sehr an den Kräften der Waage und sie leidet.

Waage-Mädchen sind glücklich, wenn sie ausreichend

Schlaf bekommen und ihren Tagesablauf abwechslungs-reich und kreativ gestalten können. Sie brauchen auf der einen Seite einen aufgeschlossenen Freundeskreis und auf der anderen Seite stets einen gemütlichen Rückzugsort. Der Traumprinz der Waage erobert sie mit Einfallsreichtum, Romantik und Humor.

SKORPION 24. Oktober - 22. November

BLUME Amaryllis

ELEMENT Wasser

GLÜCKSTAG Dienstag

GLÜCKSTIER Schlange

HAUSTIER Ratte

GLÜCKSFARBE Schwarz

FREIZEIT-FUN Skorpione sind sehr aktiv und ehr-geizig. Ihre Hobbys müssen etwas Besonderes sein – zum Beispiel das Erlernen einer seltenen Sprache oder eine ungewöhnliche Kampfsportart.

ORT ZUM RELAXEN Im Beachclub lässt es sich ein Skorpion gut gehen. Dabei lieben sie das Gefühl von heißem Sand unter den Füßen und ein paar coole Beats zum Chillen.

TYPISCH SKORPION Mutig, kämpferisch, angriffs-
lustig, risikofreudig, hin und wieder rücksichtslos

Wenn du zwischen dem 24. Oktober und dem 22. November geboren bist, gehörst du zu dem extremsten aller
Sternzeichen, dem Skorpion. Wie auch der Löwe macht
der Skorpion keine halben Sachen. Dabei geht er stets aufs
Ganze und überrascht seine Umwelt durch Tatkraft, Durch-
setzungsvermögen und Leidenschaft. Viele Skorpione
powern sich in der Schule und bei ihren Hobbys so richtig
aus und sind auf vielen Gebieten erfolgreich. Das sorgt
hier und da für Neider. Wenn diese dem Skorpion dann
Steine in den Weg legen wollen, kann das gefährlich werden – für die Neider, nicht für den Skorpion. Ein typischer
Skorpion hat schließlich seinen Stachel! Ist der Skorpion
einmal beleidigt worden, vergisst er das nicht so schnell
und er wird auch nur in seltenen Fällen vergeben.
Um glücklich zu sein, braucht der Skorpion viel Leben um
sich herum: Menschen, Musik, Kultur und auch einen
kleinen Flecken Natur. In der Liebe ist der Skorpion ziemlich heißblütig. Einmal verliebt, gibt es kein Halten mehr.
Das Skorpion-Mädchen wäre am liebsten 24 Stunden am
Tag mit seinem Traumprinzen zusammen.

SCHÜTZE 23. November - 21. Dezember

BLUME Christrose

ELEMENT Feuer

GLÜCKSTAG Donnerstag

GLÜCKSTIER Pfau

HAUSTIER Hund

GLÜCKSFARBE Purpur

FREIZEIT-FUN Schützen haben immer etwas vor: Spieleabende mit Freunden, lange Spaziergänge, Kinobesuche oder Treffen in der Eisdiele. Und wenn es sportlich zugehen soll, powert sich der Schütze bei Aquagymnastik oder beim Bogenschießen aus.

ORT ZUM RELAXEN Das Café mit dem besten Kakao der Stadt könnte der Lieblingsort des Schützen werden. Mit einem spannenden Hörbuch auf den Ohren kann sich der Schütze dort wunderbar entspannen.

TYPISCH SCHÜTZE Ehrlich, gesellig, ehrgeizig, kritikempfindlich

Du bist ein Schütze-Mädchen? Dann bist du ein zielstrebiges Zeichen mit einem Sinn für gute Unterhaltung. Vermutlich wird es mit dir nie langweilig. Du kennst dich aus mit Filmen, Büchern und Hörspielen. Allgemein sagt man über Schützen, dass die geradlinig und ehrlich sind. Genau wie die Wassermänner sagen sie ihren Freunden, was sie denken. In der Schule haben es die Schützen leicht und viele von ihnen werden irgendwann auch zu guten Nachhilfelehrern, denn Schützen können Wissen gut vermitteln. Nach Schulschluss suchen sich Schützen unterhaltsame Hobbys und treffen sich gerne mit Freunden – mit Vorliebe an einem Ort, wo man was Leckeres essen kann.

In der Liebe suchen Schütze-Mädchen nach einem treuen, unternehmungslustigen Traumprinzen, der nicht zu sehr »klettet«. Denn Schützen brauchen ihre Freiräume. Oft kommt die Schützin ganz gut damit klar, wenn ihr Freund in einer anderen Stadt lebt. Solange er ihr beweist, dass er sie liebt!

STEINBOCK 22. Dezember – 20. Januar

BLUME Strelitzie
ELEMENT Erde
GLÜCKSTAG Samstag
GLÜCKSTIER Krokodil

HAUSTIER Hund

GLÜCKSFARBE Blau

FREIZEIT·FUN Steinböcke sind ehrgeizig – auch was ihr Hobby betrifft. Sie wollen etwas erreichen und den Beweis in der Hand halten. Dennoch schätzen sie auch die ruhigen Stunden, in denen sie sich zurückziehen können. Bei manchen von ihnen kommt dann eine Sammelleidenschaft zu Tage.

ORT ZUM RELAXEN Wenn Berge in der Nähe sind, schätzt der Steinbock einen einsamen Platz mit Sicht aufs Tal. Zur Not tut es natürlich auch das Baumhaus im Garten oder der Blick aus dem Dachfenster.

TYPISCH STEINBOCK Willensstark, geduldig, fleißig, ehrgeizig, aber auch stur und egoistisch

Wenn du ein Steinbock bist, dann führt dein Weg dich auf den Gipfel. Anstatt stürmisch vorzugaloppieren, erklimmst du dabei Stein für Stein. Schließlich sind typische Steinböcke ausdauernd und beharrlich. Hektik ist ihnen fremd. Doch von tatenloser Gemütlichkeit kann bei ihnen auch nicht die Rede sein. Steinböcke sind fleißig. Ihr Vorteil: Sie wissen, was sie wollen, und legen sich eine Strategie zurecht, wie sie sicher ans Ziel kommen.

Ablenken lassen sie sich dabei nicht. Wenn sie für etwas lernen, dann pauken sie regelrecht. Die Partyeinladung sagen sie dann lieber ab. Der typische Steinbock steht sowieso nicht auf Menschenansammlungen und laute Musik. Egal ob es um Mode, Musik oder Bücher geht: Steinböcke lassen sich nicht so leicht von anderen beeinflussen. Sie bleiben ihrem Lieblingssänger treu, lesen ungewöhnliche Bücher und suchen beim Shopping Sachen aus, die ihnen persönlich gefallen – ob sie nun in sind oder nicht.

In Sachen Liebe ist das Steinbock-Mädchen treu. Allerdings ist es nicht so leicht, das Herz eines Steinbocks für sich zu gewinnen. Da muss sich der Traumprinz schon etwas anstrengen.

WASSERMANN 21. Januar - 19. Februar

BLUME Schneeglöckchen

ELEMENT Luft

GLÜCKSTAG Samstag

GLÜCKSTIER Eule

HAUSTIER Hund, Pferd

GLÜCKSFARBE Meeresblau

FREIZEIT-FUN Wassermänner brauchen das Abenteuer an der frischen Luft. Aktive Hobbys wie Segeln, Surfen oder Westernreiten sind ganz nach ihrem Geschmack.

ORT ZUM RELAXEN Ob Nordsee oder Mittelmeer: Wassermänner können an der Küste gut entspannen. Unbedingt mitnehmen: einen Picknickkorb, eine Zeitschrift und die beste Freundin.

TYPISCH WASSERMANN Aktiv, intelligent, ehrlich, anspruchsvoll, rechthaberisch

Du bist also ein Wassermann-Mädchen? Super, dann hast du wahrscheinlich Energie und bist immer gerne unterwegs! Deine Unternehmungslust steckt auch deine Freunde an, nur dürfen die nicht an dir »kletten«. Du brauchst deine Freiheit!

Vielen Wassermännern wird nachgesagt, dass sie sehr intelligent sind. Es ist anzunehmen, dass dir die Schule keine großen Schwierigkeiten bereitet – es sei denn, du hast Lehrer, mit denen du nicht klarkommst.

Wassermänner gelten als besonders ehrlich. Manchmal stoßen sie damit Freunde vor den Kopf. Zum Beispiel, wenn sie einer Freundin sagen, dass ihr das neue Sommerkleid so gar nicht steht. Das sorgt nicht unbedingt für große Freude, aber Wassermänner sind nun einmal keine Schleimer.

Um so richtig glücklich zu sein, brauchen Wassermann-Mädchen wie du einen Terminkalender voll mit aufregenden Unternehmungen. Ihr Traumprinz ist ein Junge, der ihnen genug Freiraum lässt und möglichst unternehmungslustig ist.

BLUME Stiefmütterchen
ELEMENT Wasser
GLÜCKSTAG Donnerstag
GLÜCKSTIER Delfin
HAUSTIER Zierfische oder Katzen (beides zusammen könnte gefährlich werden ...)
GLÜCKSFARBE Grau
FREIZEIT-FUN Fische suchen sich Hobbys, bei denen sie sich beweisen können. Wettbewerbe im Laufen, Skifahren oder Musizieren machen ihnen Spaß, auch wenn sich die Fischchen dabei manchmal etwas zu sehr auspowern.
ORT ZUM RELAXEN Unter Wasser ist der Fisch in seinem Element. Beim Schnorcheln im warmen Wasser geht es ihm gut. Fehlt die Karibik, tut es zur Not auch ein Schwimmbad mit Therme oder eben die Badewanne.
TYPISCH FISCHE Fantasievoll, sensibel, begeisterungsfähig, naiv, unsicher

Du bist also im Zeichen der Fische geboren! Dann bist du wahrscheinlich ein sehr gefühlvolles und fantasievolles Mädchen. Man sagt den Fischen nach, dass sie etwas unpraktisch und verträumt sind. Aber dafür sind sie stets hilfsbereit und für ihre Freunde da.

Vielleicht gehörst du auch zu den typischen Fischen, die leicht verletzbar sind – besonders wenn Freunde dich kritisieren. Du möchtest doch eigentlich nur ein nettes Lob für die harte Arbeit, die du geleistet hast. Und dann kommt so ein Nörgler daher und verunsichert dich total! Zum Glück kannst du lernen, dich nicht vom Wohlwollen anderer abhängig zu machen, denn du bist auch ohne besondere Auszeichnungen ein außergewöhnlicher Mensch! Um glücklich zu sein, braucht das Fische-Mädchen treue Freunde und einen liebevollen und ebenso treuen Traumprinzen, mit dem es schöne Stunden verleben kann.

Die vier Elemente im Überblick

Wie du vielleicht schon im Sternzeichen-Überblick gesehen hast, werden den Sternzeichen vier Elemente zugeordnet: Feuer, Wasser, Luft und Erde. Dein Sternzeichen hat also einen Einfluss auf deinen Elemente-Typ.

FEUER

TYP Wild, aufbrausend, leidenschaftlich
STICHWORT Energie!
FARBE Rot
FLIRT-POWER Feurige Ausstrahlung

WASSER

TYP Romantisch, sensibel, fantasievoll
STICHWORT Einfühlungsvermögen
FARBE Blau
FLIRT-POWER Romantischer Charme

LUFT

TYP Gesellig, erfinderisch, leicht-
herzig

STICHWORT Ideen

FARBE Gelb

FLIRT-POWER Humorvolle
Leichtigkeit

ERDE

TYP Bodenständig, vernünftig

STICHWORT Verlässlichkeit

FARBE Grün

FLIRT-POWER Nahbare Ausstrahlung

Sternzeichen aus Übersee

Horoskope gibt es rund um den Globus. Verschiedene Kulturen haben sich ihre ganz eigenen Gedanken um Sternzeichen, Zukunftsdeutung und Schicksal gemacht. Die Kelten beispielsweise hatten statt der zwölf Tierzeichen 22 Baumzeichen – vom Apfelbaum bis zur Zypresse. Wir stellen dir in diesem Kapitel zwei Systeme vor, die unsere Horoskopdeutungen gut ergänzen.

Das chinesische Horoskop

In China gibt es auch zwölf Sternzeichen – so wie bei uns. Diese werden aber ganz anders berechnet. Während bei uns die Sternzeichen monatlich wechseln, geschieht das im chinesischen Horoskop jährlich.
Aber Achtung: Das chinesische Jahr beginnt erst mitten im Februar! Unser Monat Januar und Teile des Februars werden also noch zum Vorjahr gerechnet.

1 | RATTE

JAHRE

02. 02. 1984 – 19. 02. 1985
19. 02. 1996 – 06. 02. 1997

TYPISCH RATTE Wer im Zeichen der Ratte geboren wurde, gilt als besonders ehrgeizig und intelligent. Außerdem sind Ratten humorvoll und gesellig. Die Schattenseite der Ratte ist, dass sie sich selbst manchmal allzu wichtig nimmt.

2 | BÜFFEL

JAHRE

20. 02. 1985 – 08. 02. 1986
07. 02. 1997 – 27. 01. 1998

TYPISCH BÜFFEL Wer in einem Büffel-Jahr geboren wurde, ist laut dem chinesischen Horoskop sehr ausdauernd und gewissenhaft. Die Schattenseiten der Büffel sind ihre Verschlossenheit und die Tatsache, dass sie manchmal einfach mit dem Kopf durch die Wand wollen.

3 | TIGER

JAHRE

09.02.1986 – 28.01.1987
28.01.1998 – 15.02.1999

TYPISCH TIGER Echte Tiger haben etwas Ritterliches an sich. Sie sind tapfer und ehrlich. Aber sie neigen auch dazu, andere herumzukommandieren und sich über Kleinigkeiten zu ärgern.

4 | HASE

JAHRE

29.01.1987 – 16.02.1988
16.02.1999 – 04.02.2000

TYPISCH HASE Wer in einem Hasen-Jahr zur Welt kam, gilt als besonders abenteuerlustig und aktiv. Auch sollen Hasen sehr charmant sein. Ihr Problem ist, dass sie sich oft selbst überschätzen und dadurch Fehler machen.

5 | DRACHE

JAHRE
17.02.1988–05.02.1989
05.02.2000–23.01.2001

TYPISCH DRACHE Wer als Drache geboren wurde, ist laut chinesischem Horoskop sehr redegewandt und besitzt einen kühlen Verstand. Die Schattenseite der Drachen ist ihre Eigenschaft, sich den anderen Sternzeichen manchmal überlegen zu fühlen.

6 | SCHLANGE

JAHRE
06.02.1989–26.01.1990
24.01.2001–11.02.2002

TYPISCH SCHLANGE Die Schlange gilt nicht nur als ein besonders verständnisvolles und sensibles, sondern auch als kluges Zeichen. Der wunde Punkt aller Schlangen ist, dass Kritik sie leicht umhauen kann.

7 | PFERD

JAHRE
27.01.1990 – 14.02.1991
12.02.2002 – 31.01.2003

TYPISCH PFERD Echte Pferde wollen frei sein und ungebunden durch die Welt galoppieren. Sie gelten als charmant und kreativ. Geduld hingegen ist nicht so wirklich ihr Ding und manchmal können sie recht egoistisch sein.

8 | ZIEGE

JAHRE
28.01.1979 – 15.02.1980
15.02.1991 – 03.02.1992

TYPISCH ZIEGE Ziegen brauchen viel Harmonie. Sie gehören zu den besonders fantasievollen Zeichen und gelten als humorvoll. Zu den weniger guten Eigenschaften zählt ihr Spaß an Klatsch und Tratsch.

9 | AFFE

JAHRE
16.02.1980–04.02.1981
04.02.1992–22.01.1993

TYPISCH AFFE Das Sternzeichen Affe wird als verspielt, schlau und sehr gesellig beschrieben. Affen sind zudem echte Familienmenschen. Viele Affen neigen leider zu Unordnung und auch mit der Wahrheit nehmen es einige von ihnen nicht immer ganz genau.

10 | HAHN

JAHRE
05.02.1981–24.01.1982
23.01.1993–09.02.1994

TYPISCH HAHN Wer im Zeichen des Hahns geboren wurde, gilt als besonders fleißig. Hähne arbeiten sehr genau und hören auf ihren Verstand. Manchmal sind Hähne etwas zu misstrauisch. Außerdem sagt man, dass Hähne darauf achten müssen, nicht arrogant zu erscheinen.

11 | HUND

JAHRE

25.01.1982–12.02.1983
10.02.1994–30.01.1995

TYPISCH HUND Hunde sind gutmütige Zeitgenossen. Sie sind treu und ehrlich und für ihre Freunde da. Allerdings müssen Hunde lernen etwas mutiger zu sein. Auch neigen sie dazu, alles etwas zu düster zu sehen.

12 | SCHWEIN

JAHRE

13.02.1983–01.02.1984
31.01.1995–18.02.1996

TYPISCH SCHWEIN Das Sternzeichen Schwein ist mit Gaben wie Energie und Ausdauer gesegnet. Außerdem haben Schweine ein Talent dafür, gute Stimmung zu verbreiten. Ihre Schattenseiten sind ihre Naivität und ein leichter Hang zur Eifersucht.

Das indianische Horoskop

Die vielen Stämme der nordamerikanischen Indianer hatten durchaus unterschiedliche Lebensweisen. So kann man schwer von dem einen allgemeingültigen, ultimativen Indianer-Horoskop sprechen. Eine Deutung basiert auf der indianischen Vorstellung, dass es im ewigen Kreislauf der Natur zwölf Monde gibt – zum Beispiel den »Mond der großen Winde« oder den »Mond der fliegenden Enten«. Je nachdem, unter welchem Mond man geboren wird, gibt es ein Totemtier, das einem zugeordnet wird. Diese Totemtiere ähneln unseren Sternzeichen in vielen Aspekten.

DER FALKE

WEITERE BEZEICHNUNG Der (rote) Habicht
MOND Der Mond der knospenden Bäume
ZEITRAUM 21. März – 19. April
ELEMENT UND CLAN Feuer, Donnervogel-Clan

TYPISCH FALKE Falken sind echte Draufgänger. Mit ungebremster Power suchen sie das Abenteuer – am liebsten immer der Sonne nach, denn Falken mögen die Wärme. Die meisten Falken sind von Grund auf optimistisch und begeisterungsfähig. Allerdings fällt es ihnen oft schwer, dabei einen kühlen Kopf zu behalten.

DER BIBER

MOND Der Mond der wiederkehrenden Frösche
ZEITRAUM 20. April – 20. Mai
ELEMENT UND CLAN Erde, Schildkröten-Clan

TYPISCH BIBER In diesem Frühlingszeichen gibt es viele emsige Bastler und Tüftler. Biber sind geduldig, ausdauernd und meistens auch ziemlich zuverlässig. Wenn es darum geht ihren Alltag zu meistern, sind Biber sehr bodenständig. Probleme haben sie hingegen mit Veränderungen. Auch sind manche Biber zu besitzergreifend.

DER HIRSCH

MOND Der Mond der Mais-Aussaat
ZEITRAUM 21. Mai – 20. Juni
ELEMENT UND CLAN Luft, Schmetterlings-Clan

TYPISCH HIRSCH Unbeschwert bewegen sich Hirsche durch den Alltag. Sie bestechen durch ihre Anmut und ihren Optimismus. Eigentlich haben sie immer einen Plan oder eine spontane Idee im Kopf und können nicht lange stillsitzen. Hirsche sind redegewandt und kontaktfreudig. Ihre Schwäche ist, dass sie sich leicht verzetteln.

DER SPECHT

MOND Der Mond der kraftvollen Sonne
ZEITRAUM 21. Juni – 21. Juli
ELEMENT UND CLAN Wasser, Frosch-Clan

TYPISCH SPECHT Ein echter Specht ist stets mit seinem Nest beschäftigt. Kein Wunder, dass er sich daheim unter Familie und Freunden am wohlsten fühlt. Spechte gelten als zuverlässig, sensibel und engagiert. Sie setzen sich gerne für andere ein, übertreiben es allerdings damit manchmal.

DER LACHS

WEITERE BEZEICHNUNG Der Stör
MOND Der Mond der reifen Beeren
ZEITRAUM 22. Juli – 21. August
ELEMENT UND CLAN Feuer, Donnervogel-Clan

TYPISCH LACHS Lachse sind spielerisch und zugleich zielstrebig. Mit Ehrgeiz, Selbstbewusstsein und Temperament meistern sie fast jede Hürde und erreichen ihre Ziele. Dabei haben sie trotzdem ein großes Herz – besonders für ihre Freunde. Die Schwächen der Lachse sind ihre Ungeduld und die Abhängigkeit vom Lob der anderen.

DER BRAUNBÄR

MOND Der Mond der Ernte
ZEITRAUM 22. August – 21. September
ELEMENT UND CLAN Erde, Schildkröten-Clan

TYPISCH BRAUNBÄR Liebenswert und gemütlich, so wirken die Braunbären auf andere Menschen. Sie sind in der Regel echt gute Freunde und sehr verlässlich. Manchmal wirken sie ein wenig zurückgezogen, denn es fällt ihnen schwer, Gefühle zu zeigen. Sie hören auch lieber auf ihren Verstand als auf ihr Herz.

DIE KRÄHE

WEITERE BEZEICHNUNG Der Rabe
MOND Der Mond der fliegenden Enten
ZEITRAUM 22. September – 22. Oktober
ELEMENT UND CLAN Luft, Schmetterlings-Clan

TYPISCH KRÄHE Wer im Zeichen der Krähe geboren wurde, kann sich super anpassen und kommt leicht mit anderen ins Gespräch. Zoff und Stress verträgt dieses Sternzeichen gar nicht. Gibt es Ärger, ziehen sich Krähen lieber zurück. Eine weitere Schwäche ist ihre Unentschlossenheit.

DIE SCHLANGE

MOND Der Mond der ersten Frösche
ZEITRAUM 23. Oktober – 22. November
ELEMENT UND CLAN Wasser, Frosch-Clan

TYPISCH SCHLANGE Echte Schlangen sind nicht nur sehr geheimnisvoll und ehrgeizig, sondern haben auch stets eine Menge Ideen. Ihre Freunde sind ihnen sehr wichtig. Viele Schlangen lieben Neuanfänge, haben aber manchmal nicht so ganz das Gefühl fürs richtige Timing und gehen dabei auch oft etwas zu energisch vor.

DIE EULE

WEITERE BEZEICHNUNG Der Wapiti
MOND Der Mond des langen Schnees
ZEITRAUM 23. November – 21. Dezember
ELEMENT UND CLAN Feuer, Donnervogel-Clan

TYPISCH EULE Mit ihrem Forscherdrang und ihren vielen Interessen macht die Eule dem Symbol der Weisheit alle Ehre. Eulen haben hohe Ideale und ihre Freunde schätzen ihre direkte Art. Ihre Schattenseite ist ihre Angst vor dauerhaften Verpflichtungen und ihre Angewohnheit, manchmal zu viel Energie zu verschwenden.

DIE GANS

WEITERE BEZEICHNUNG Die Schneegans
MOND Der Mond der Erderneuerung
ZEITRAUM 22. Dezember – 19. Januar
ELEMENT UND CLAN Erde, Schildkröten-Clan

TYPISCH GANS Das Sternzeichen Gans zeichnet sich durch Geduld und Fleiß aus. Gänse haben eine beneidenswerte Ausdauer. Außerdem sind sie sehr zuverlässig. Leider neigen sie gelegentlich zu düsterer Stimmung und brauchen dann einen Rückzugsort. Zudem fällt es manchen Gänsen schwer, sich in andere hineinzuversetzen.

DER OTTER

MOND Der Mond der Rast und Reinigung
ZEITRAUM 20. Januar – 18. Februar
ELEMENT UND CLAN Luft, Schmetterlings-Clan

TYPISCH OTTER So viel Lebensfreude ist ansteckend. Otter sind allerdings nicht nur wegen ihrer guten Laune beliebt. Sie sind auch hilfsbereite Freunde, die stets gute Ideen haben und wissen, wie man den Alltag organisiert. Mit Ablehnung kommt dieses Sternzeichen allerdings schlecht zurecht. Auch brauchen Otter viel Freiraum.

DER WOLF

WEITERE BEZEICHNUNG Der Puma
MOND Der Mond der großen Winde
ZEITRAUM 19. Februar – 20. März
ELEMENT UND CLAN Wasser, Frosch-Clan

TYPISCH WOLF Der Wolf ist ein Sternzeichen, das besonders mitfühlend und sensibel ist. Wölfe sind bekannt für ihr Feingefühl und ihre Toleranz. Sie müssen aber lernen, nicht nur an andere zu denken, sondern auch an sich selbst. Wölfe sind zudem sehr leicht verletzbar.

Sternzeichen-Crossover

Dein chinesisches Sternzeichen, dein indianisches Totemtier und dein Sonnenzeichen müssen sich nicht gegenseitig ausschließen. Du kannst sie auch zu einer großen Deutung kombinieren. Das klingt kompliziert, ist aber eigentlich ganz einfach.

Zuerst brauchst du dein Geburtsjahr – quasi für die Grundeinstellung. Danach schaust du im chinesischen Horoskop nach, was da über dein Sternzeichen-Jahr steht.

Mit deinem Sonnenzeichen kannst du nun quasi weiter ins Jahr reinzoomen und gucken, was auf deinen Geburtsmonat zutrifft. Im dritten Schritt kannst du jetzt noch ergänzend das Totemtier und dein Element nachschlagen. Das macht dich dann am Ende zum Beispiel zu einem Erd-Affen-Gans-Steinbock oder einer Luft-Hunde-Rabe-Waage.

HIER EIN BEISPIEL

Dein Geburtstag ist der 16.10.1999.

Chinesisches Horoskop: Dein Geburtsjahr ist 1999, also bist du ein Tiger.

Sonnenzeichen: Der 16.10. steht im Zeichen der Waage.

Totemtier: Der 16.10. liegt in der Zeit des Raben.

Element: Luft

Fazit: Du bist eine Luft-Tiger-Rabe-Waage.

DEUTUNG

Die Grundanlagen, die deinem Jahrgang mitgegeben wurden, sind die des Tigers. Tief in deinem Herzen hast du daher die Veranlagung zu Tapferkeit und Ehrlichkeit.

Die Waage im Sonnenzeichen macht dich zu einem kreativen Menschen, der viel Harmonie braucht und an den schönen Dingen des Lebens interessiert ist. Die Eigenschaften des Raben wirken ergänzend und zeigen, dass du zudem ein kommunikativer Typ bist, der leider etwas unentschlossen ist. Abgerundet wird alles durch dein Element: Luft. Du bist wie der Wind und willst dich ungern festlegen lassen.

ÜBRIGENS Richtige Profi-Astrologen betrachten nicht nur das Sternzeichen. Sie schauen zusätzlich nach, in welchem Abschnitt des Sternzeichens man geboren wurde. Das nennen sie »Dekade«. In jedem Sternzeichen gibt es drei davon.

Es geht aber sogar noch genauer! Nimmt man den Geburtstag und die exakte Geburtsstunde unter die Lupe, so kann man feststellen, wie die einzelnen Planeten zum Zeitpunkt der Geburt standen: der Mond, Jupiter, Mars, Venus, Saturn, Merkur, Uranus, Neptun und Pluto. Jeder der Planeten hat bestimmte Auswirkungen auf das Horoskop. Noch dazu gibt es weitere Werte, die bestimmt werden können, wie zum Beispiel den Aszendenten oder den Mondknoten. Ziemlich kompliziert, was?

Welche Auswirkungen die Planeten haben und was Aszendenten und Mondknoten sind, erfährst du übrigens ab Seite 144 im Astro-Lexikon!

LIEBE, FLIRT UND HERZKLOPFEN

Love Check

Wer liebt wen? Und wo kracht es so richtig? Ein Blick auf die Sternzeichen kann hier recht aufschlussreich sein. Aber: Echte Liebe macht auch vor ungünstigen Sternenkonstellationen nicht Halt. Wer nicht zu seinem Traumprinzen passt, muss also noch lange nicht aufgeben, sondern sollte versuchen die Hindernisse zu überwinden.

♡	Eiswüste
♡♡	Kühlschrank
♡♡♡	Gemäßigte Zone
♡♡♡♡	Subtropen
♡♡♡♡♡	Äquator der Liebe
⚡	Langeweile
⚡⚡	Frieden
⚡⚡⚡	Abwechslung
⚡⚡⚡⚡	Zündstoff
⚡⚡⚡⚡⚡	Krisenstimmung

W I D D E R -Love

	Liebe	Leidenschaft	Zoffpotenzial
Widder	♡♡	♡♡♡♡	⚡⚡⚡⚡
Stier	♡♡♡	♡♡♡	⚡⚡
Zwillinge	♡♡♡	♡♡	⚡⚡
Krebs	♡♡♡♡	♡♡	⚡⚡
Löwe	♡♡♡	♡♡♡♡♡	⚡⚡⚡
Jungfrau	♡♡	♡♡	⚡⚡⚡
Waage	♡♡♡	♡♡	⚡⚡
Skorpion	♡♡♡	♡♡♡♡♡	⚡⚡⚡⚡
Schütze	♡♡♡♡♡	♡♡♡♡	⚡⚡
Steinbock	♡♡♡	♡♡♡♡	⚡⚡⚡
Wassermann	♡♡♡♡	♡♡♡	⚡⚡
Fische	♡♡	♡♡	⚡⚡⚡

STIER-Love

	Liebe	Leidenschaft	Zoffpotenzial
Widder	♡♡♡	♡♡♡	⚡⚡
Stier	♡♡♡♡♡	♡♡	⚡
Zwillinge	♡♡	♡♡	⚡⚡⚡
Krebs	♡♡♡♡♡	♡♡♡	⚡
Löwe	♡♡♡	♡♡♡♡♡	⚡⚡
Jungfrau	♡♡♡	♡	⚡
Waage	♡♡♡	♡♡	⚡
Skorpion	♡	♡♡♡♡	⚡⚡⚡
Schütze	♡♡	♡♡	⚡⚡
Steinbock	♡♡♡♡	♡♡	⚡
Wassermann	♡♡	♡♡	⚡⚡
Fische	♡♡♡♡	♡♡♡♡	⚡

ZWILLINGS-Love

	Liebe	Leidenschaft	Zoffpotenzial
Widder	♡♡♡	♡♡	⚡⚡
Stier	♡♡	♡♡	⚡⚡⚡
Zwillinge	♡♡♡	♡♡♡	⚡⚡
Krebs	♡	♡♡	⚡⚡⚡
Löwe	♡♡♡♡	♡♡♡	⚡⚡
Jungfrau	♡	♡	⚡⚡⚡
Waage	♡♡♡♡♡	♡♡♡♡	⚡
Skorpion	♡♡♡	♡♡♡♡♡	⚡⚡⚡⚡
Schütze	♡♡♡♡♡	♡♡♡	⚡⚡
Steinbock	♡♡	♡	⚡
Wassermann	♡♡♡	♡♡♡	⚡⚡
Fische	♡♡♡♡	♡♡	⚡⚡⚡

K R E B S ·Love

	Liebe	Leidenschaft	Zoffpotenzial
Widder	♡♡♡♡	♡♡	⚡⚡
Stier	♡♡♡♡♡	♡♡♡	⚡
Zwillinge	♡	♡♡	⚡⚡⚡
Krebs	♡♡♡♡♡	♡♡♡♡	⚡
Löwe	♡♡♡	♡♡♡	⚡⚡
Jungfrau	♡♡♡	♡♡	⚡
Waage	♡♡	♡♡	⚡⚡⚡
Skorpion	♡♡♡♡	♡♡♡♡♡	⚡⚡
Schütze	♡♡	♡♡	⚡⚡
Steinbock	♡♡	♡♡♡	⚡⚡
Wassermann	♡♡♡	♡♡♡	⚡
Fische	♡♡♡♡	♡♡♡♡	⚡

L Ö W E N -Love

	Liebe	Leidenschaft	Zoffpotenzial
Widder	♡♡♡	♡♡♡♡♡	⚡⚡⚡
Stier	♡♡♡	♡♡♡♡♡	⚡⚡
Zwillinge	♡♡♡♡	♡♡♡	⚡⚡
Krebs	♡♡♡	♡♡♡	⚡⚡
Löwe	♡♡♡	♡♡♡♡♡	⚡⚡⚡⚡
Jungfrau	♡♡	♡♡♡	⚡⚡⚡⚡
Waage	♡♡♡♡	♡♡♡♡	⚡
Skorpion	♡♡♡	♡♡♡♡	⚡⚡⚡
Schütze	♡♡♡	♡♡♡	⚡⚡
Steinbock	♡♡	♡♡	⚡⚡⚡⚡
Wassermann	♡♡♡	♡♡♡♡	⚡⚡⚡⚡⚡
Fische	♡♡♡♡	♡♡♡	⚡⚡

J U N G F R A U E N -Love

	Liebe	Leidenschaft	Zoffpotenzial
Widder	♡♡	♡♡	⚡⚡⚡
Stier	♡♡♡	♡	⚡
Zwillinge	♡	♡	⚡⚡⚡
Krebs	♡♡♡	♡♡	⚡
Löwe	♡♡	♡♡♡	⚡⚡⚡⚡
Jungfrau	♡♡	♡	⚡
Waage	♡♡	♡♡	⚡
Skorpion	♡♡♡♡♡	♡♡♡♡	⚡
Schütze	♡♡♡	♡♡♡	⚡⚡⚡
Steinbock	♡♡♡♡	♡	⚡
Wassermann	♡♡	♡♡	⚡⚡
Fische	♡♡♡	♡♡♡	⚡⚡

W A A G E N -Love

	Liebe	Leidenschaft	Zoffpotenzial
Widder	♡♡♡	♡♡	⚡⚡
Stier	♡♡♡	♡♡	⚡
Zwillinge	♡♡♡♡♡	♡♡♡♡	⚡
Krebs	♡♡	♡♡	⚡⚡⚡
Löwe	♡♡♡♡	♡♡♡♡	⚡
Jungfrau	♡♡	♡♡	⚡
Waage	♡♡♡♡♡	♡	⚡
Skorpion	♡♡	♡♡♡♡	⚡⚡
Schütze	♡♡♡♡	♡♡♡♡	⚡⚡
Steinbock	♡♡♡	♡♡	⚡
Wassermann	♡♡♡♡	♡♡♡	⚡⚡
Fische	♡♡♡	♡♡♡	⚡

S K O R P I O N -Love

	Liebe	Leidenschaft	Zoffpotenzial
Widder	♡♡♡	♡♡♡♡♡	⚡⚡⚡⚡
Stier	♡	♡♡♡♡	⚡⚡⚡
Zwillinge	♡♡♡	♡♡♡♡♡	⚡⚡⚡⚡
Krebs	♡♡♡♡	♡♡♡♡♡	⚡⚡
Löwe	♡♡♡	♡♡♡♡	⚡⚡⚡
Jungfrau	♡♡♡♡♡	♡♡♡♡	⚡
Waage	♡♡	♡♡♡♡	⚡⚡
Skorpion	♡♡♡	♡♡♡♡♡	⚡⚡⚡⚡
Schütze	♡♡♡	♡♡♡	⚡⚡
Steinbock	♡♡♡	♡♡♡	⚡
Wassermann	♡♡	♡♡♡♡	⚡⚡
Fische	♡♡♡♡♡	♡♡♡	⚡

SCHÜTZEN-Love

	Liebe	Leidenschaft	Zoffpotenzial
Widder	♡♡♡♡♡	♡♡♡♡	⚡⚡
Stier	♡♡	♡♡	⚡⚡
Zwillinge	♡♡♡♡♡	♡♡♡	⚡⚡
Krebs	♡♡	♡♡	⚡⚡
Löwe	♡♡♡	♡♡♡	⚡⚡
Jungfrau	♡♡♡	♡♡♡	⚡⚡⚡
Waage	♡♡♡♡	♡♡♡♡	⚡⚡
Skorpion	♡♡♡	♡♡♡	⚡⚡
Schütze	♡♡♡	♡♡♡	⚡⚡⚡
Steinbock	♡♡	♡♡	⚡⚡⚡
Wassermann	♡♡♡	♡♡♡	⚡
Fische	♡♡	♡♡	⚡⚡⚡

STEINBOCK-Love

	Liebe	Leidenschaft	Zoffpotenzial
Widder	♡♡♡	♡♡♡♡	ϟϟϟ
Stier	♡♡♡♡	♡♡	ϟ
Zwillinge	♡♡	♡	ϟ
Krebs	♡♡	♡♡♡	ϟϟ
Löwe	♡♡	♡♡	ϟϟϟϟ
Jungfrau	♡♡♡♡	♡	ϟ
Waage	♡♡♡	♡♡	ϟ
Skorpion	♡♡♡	♡♡♡	ϟ
Schütze	♡♡	♡♡	ϟϟϟ
Steinbock	♡♡	♡	ϟϟ
Wassermann	♡♡	♡♡♡	ϟϟ
Fische	♡♡♡	♡♡♡	ϟ

W A S S E R M A N N -Love

	Liebe	Leidenschaft	Zoffpotenzial
Widder	♡♡♡♡	♡♡♡	⚡⚡
Stier	♡♡	♡♡	⚡⚡
Zwillinge	♡♡♡	♡♡♡	⚡⚡
Krebs	♡♡♡	♡♡♡	⚡
Löwe	♡♡♡	♡♡♡♡	⚡⚡⚡⚡⚡
Jungfrau	♡♡	♡♡	⚡⚡
Waage	♡♡♡♡	♡♡♡	⚡⚡
Skorpion	♡♡	♡♡♡♡	⚡⚡
Schütze	♡♡♡	♡♡♡	⚡
Steinbock	♡♡	♡♡♡	⚡⚡
Wassermann	♡♡♡	♡♡♡	⚡⚡
Fische	♡♡	♡♡	⚡

F I S C H -Love

	Liebe	Leidenschaft	Zoffpotenzial
Widder	♡♡	♡♡	⚡⚡⚡
Stier	♡♡♡♡	♡♡♡♡	⚡
Zwillinge	♡♡♡♡	♡♡	⚡⚡⚡
Krebs	♡♡♡♡	♡♡♡♡	⚡
Löwe	♡♡♡♡	♡♡♡	⚡⚡
Jungfrau	♡♡♡	♡♡♡	⚡⚡
Waage	♡♡♡	♡♡♡	⚡
Skorpion	♡♡♡♡♡	♡♡♡	⚡
Schütze	♡♡	♡♡	⚡⚡⚡
Steinbock	♡♡♡	♡♡♡	⚡
Wassermann	♡♡	♡♡	⚡
Fische	♡♡♡♡♡	♡♡♡♡	⚡

Test: Dein heutiges Flirt-Element

Dein ganz persönliches Element kennst du jetzt ja schon. Mit diesem Test kannst du herausfinden, welches der vier Elemente heute zusätzlich deine Flirtlaune bestimmt.

1. Wie fühlst du dich gerade?

a) Ausgeglichen und ruhig

b) Fröhlich und leicht wie eine Feder

c) Wild und aufgedreht

d) Launisch und verträumt

2. Welches Date sagt dir spontan am meisten zu?

a) Eine Verabredung zum Salsa-Tanzen

b) Ein gemütliches Picknick im Park

c) Nachts im See schwimmen gehen

d) Ein Stadtbummel mit Konzertbesuch

3. Welches Kompliment würde dich heute begeistern?

a) Auf dich kann ich mich immer verlassen!

b) Du bist das heißeste Mädchen der Nordhalbkugel!

c) Mit dir macht alles doppelt so viel Spaß!

d) Dein romantischer Charme ist unschlagbar.

AUFLÖSUNG

	1.	2.	3.
a	Erde	Feuer	Erde
b	Luft	Erde	Feuer
c	Feuer	Wasser	Luft
d	Wasser	Luft	Wasser

AUSWERTUNG

2-3 × Erde

Du bist heute besonders ausgeglichen und bodenständig. Schräge Typen mit komischen Sprüchen können dir nicht den Kopf verdrehen. Mit Köpfchen und Gelassenheit holst du dafür schüchterne Traumprinzen aus der Reserve. Heutiger Flirtfaktor: 60 Prozent.

2-3 × Luft

Du willst die Welt erobern und dabei ungebunden und frei bleiben. Dennoch bist du offen für den einen oder anderen Flirt. Die Jungs schätzen heute deinen Humor, deine Einfälle und deine Leichtigkeit. Heutiger Flirtfaktor: 70 Prozent.

2-3 × Feuer

Heute bist du ein Vulkan: Du glühst vor Energie! Du wirfst betörende Blicke in alle Richtungen und schaffst es, das Blut der Traumprinzen zum Kochen zu bringen. Ganz klarer Fall: heutiger Flirtfaktor 100 Prozent.

Du hast eindeutig einen romantischen Tag. Da küsst du auch schon mal einen Frosch, um nachzuschauen, ob sich ein Prinz dahinter verbirgt. Leider bist du heute auch schnell enttäuscht, wenn der Frosch eine Amphibie bleibt und nichts Royales an sich hat.

Da bleibt es beim Flirtfaktor 60 Prozent.

3 unterschiedliche Elemente

Noch willst du dich nicht festlegen und der Ausgang des Tages ist ungewiss. Sicher ist: Nur der richtige Junge kann dich heute in Flirtlaune bringen. Und dann wird sich ja zeigen, was dein Elementemix bewirken kann!

Heutiger Flirtfaktor: alles möglich von 1–100 Prozent.

Das Astro-Date

Mit deinen eigenen astrologischen Stärken und Schwächen bist du jetzt vertraut. Doch was ist mit den Eigenschaften deines Traumprinzen? Wie bringt man das Löwen-Herz zum Klopfen? Wie angelt man sich einen Fisch? Und was lockt den Krebs aus der Reserve?

Wenn du das Sternzeichen deines Flirts kennst, bist du im Vorteil. Aber bedenke: Das Sternzeichen alleine ist nicht der Schlüssel zum perfekten Date. Zwischen euch muss die Chemie stimmen.

Noch ein allgemeiner Tipp für ein »Ende ohne Schrecken«

Für jedes Sternzeichen gibt es ein paar Tricks, um die Liebe wieder erkalten zu lassen. Wenn du einen Jungen loswerden willst, solltest du allerdings vorher überlegen, dass es am fairsten ist, offen und ehrlich mit ihm zu reden.

Ein Date mit einem Widder

Widder-Jungen sind hot! Ein Date mit ihnen wird auf jeden Fall nicht langweilig. Er mag es, wenn du dich für seine Hobbys interessierst, und findet es klasse, wenn du verrückte Unternehmungen mitmachst. Sein Traumgirl ist unabhängig und nicht zu anhänglich, sondern macht sich auch mal rar.

So kannst du bei einem Widder-Boy punkten

Dein Einsatz	Skala	okay	hot	real hot!
Humor		▓▓▓▓▓▓▓▓▓▓▓		
Selbstbewusstes Auftreten		▓▓▓▓▓▓▓▓▓		
Romantische Stimmung		▓▓▓▓▓		
Schüchternheit		▓▓		
Intelligente Gespräche		▓▓▓▓		
Hippes Styling		▓▓▓▓▓		
Natürlichkeit		▓▓▓▓		
Power		▓▓▓▓▓▓▓▓▓		

Und so wirst du einen Widder ganz schnell wieder los

Um einen Widder nachhaltig zu verschrecken, musst du so richtig zur Klette werden. Rufe ihn mehrmals täglich an, schicke pausenlos SMS und bitte ihn, ganz viel Zeit mit dir zu verbringen und sämtliche Verabredungen mit seinen Freunden für dich abzusagen. Du wirst sehen: Der Widder wird ganz schnell das Weite suchen.

Ein Date mit einem Stier

Mit einem Stier-Jungen wird dein Date auf jeden Fall ohne Stress ablaufen und gemütlich werden! Vielleicht geht ihr spazieren, setzt euch in ein nettes Café oder trefft euch mit ein paar Freunden zum Spieleabend. Will man einen Stier erobern, braucht man etwas Geduld. Dafür wird man mit Treue und (manchmal etwas unbeholfener) Romantik belohnt!

So kannst du bei einem Stier-Boy punkten

Dein Einsatz	Skala	okay	hot	real hot!
Humor		▓▓▓▓▓▓▓		
Selbstbewusstes Auftreten		▓▓▓▓		
Romantische Stimmung		▓▓▓▓▓▓▓▓		
Schüchternheit		▓▓▓▓▓		
Intelligente Gespräche		▓▓▓▓		
Hippes Styling		▓▓		
Natürlichkeit		▓▓▓▓▓▓▓▓▓		
Power		▓▓▓▓▓▓▓▓▓		

Und so wirst du einen Stier ganz schnell wieder los

Stiere können mit hektischen Zicken nur wenig anfangen. Willst du einen Stier »entlieben«, musst du die hyperaktive Diva spielen und ihn von einer lauten Party zur nächsten schleppen. Achtung! Da viele Stiere sehr geduldig sein können, wird er diese Anti-Love-Phase bestimmt eine ganze Weile ertragen.

Ein Date mit einem Zwilling

Zwillinge brauchen Abwechslung und Unterhaltung. Ein eintöniges Date sagt ihnen nicht wirklich zu. Wer einen Zwillings-Jungen für sich gewinnen will, der muss etwas Einsatz zeigen und etwas nicht Alltägliches planen. Zwillinge lieben Überraschungen!

So kannst du bei einem Zwillings-Boy punkten

Dein Einsatz	Skala	okay	hot	real hot!
Humor				
Selbstbewusstes Auftreten				
Romantische Stimmung				
Schüchternheit				
Intelligente Gespräche				
Hippes Styling				
Natürlichkeit				
Power				

Und so wirst du einen Zwilling ganz schnell wieder los

Wenn der Zwilling absolut nicht dein Typ ist, hilft es ihn zu langweilen. Bitte ihn zum Beispiel, mit dir einen alten Liebesfilm (vorzugsweise eine Schmonzette in Schwarz-Weiß) zu gucken. Bei deinen angeblichen Lieblingsszenen spulst du dann immer wieder zurück und betonst, wie toll sie sind. Ein paar Aktionen dieser Art und er verabschiedet sich.

Ein Date mit einem Krebs

Wenn du dich mit einem Krebs-Jungen verabredest, darfst du nichts überstürzen, sonst verschreckst du ihn am Ende noch. Bei einem romantischen Picknick an einem stimmungsvollen Ort (zum Beispiel an einem See) kannst du ihn im richtigen Moment ganz sicher davon überzeugen, dass er genau dein Typ ist – etwa, indem du seine Hand nimmst.

So kannst du bei einem Krebs-Boy punkten

Dein Einsatz	Skala	okay	hot	real hot!
Humor		▬▬▬		
Selbstbewusstes Auftreten		▬▬▬		
Romantische Stimmung		▬▬▬▬▬▬▬▬		
Schüchternheit		▬▬▬▬▬		
Intelligente Gespräche		▬▬▬▬		
Hippes Styling		▬▬▬		
Natürlichkeit		▬▬▬▬▬		
Power		▬▬		

Und so wirst du einen Krebs ganz schnell wieder los

Krebse sind sehr sensibel. Daher kann man sie schon mit ein wenig Kritik und ein paar zickigen Bemerkungen verprellen. Er wird sich ziemlich schnell verletzt vom Acker machen.

Ein Date mit einem Löwen

Ein echter Löwe will dich erobern – und dafür braucht er die passende Bühne. Wo immer ihr euch trefft, es muss ein hipper Ort sein, wo viel los ist. Löwen laden als gekonnte Gentlemen stets zum Flirten ein, aber sie finden es trotzdem klasse, wenn Mädchen es ihnen nicht ganz leicht machen und ihnen auch mal spielerisch die kalte Schulter zeigen.

So kannst du bei einem Löwe-Boy punkten

Dein Einsatz	Skala	okay	hot	real hot!
Humor		▓▓▓▓		
Selbstbewusstes Auftreten		▓▓▓▓▓▓▓		
Romantische Stimmung		▓▓▓▓▓		
Schüchternheit		▓▓		
Intelligente Gespräche		▓▓▓▓		
Hippes Styling		▓▓▓▓▓▓▓▓▓		
Natürlichkeit		▓▓		
Power		▓▓▓▓▓▓▓		

Und so wirst du einen Löwen ganz schnell wieder los

Der Löwe steht gerne im Mittelpunkt. Um ihn loszuwerden, musst du ihm die Show stehlen und ihm außerdem klarmachen, dass dir andere Sachen wichtiger sind als er: deine Freundinnen, deine Hobbys, die Schularbeiten … einfach alles.

E i n   D a t e   m i t   e i n e r   J u n g f r a u

Wenn du einen Jungfrau-Jungen daten willst, wäre vielleicht fürs erste Treffen ein Kinobesuch ganz praktisch. Jungfrauen sind nicht gerade stürmisch, wenn es ums Flirten geht. Dafür lernt ihr euch nach dem Film beim Gespräch über Schauspieler, Musik und das merkwürdige Happy End umso besser kennen.

So kannst du bei einem Jungfrau-Boy punkten

Dein Einsatz	Skala	okay	hot	real hot!
Humor		▓▓▓▓▓		
Selbstbewusstes Auftreten		▓▓▓		
Romantische Stimmung		▓▓▓▓▓▓▓▓		
Schüchternheit		▓▓▓▓▓▓		
Intelligente Gespräche		▓▓▓▓▓▓▓▓▓▓		
Hippes Styling		▓▓		
Natürlichkeit		▓▓▓▓▓▓▓▓▓		
Power		▓▓		

Und so wirst du eine Jungfrau ganz schnell wieder los

Mit etwas Unordnung kannst du eine typische Jungfrau einigermaßen verschrecken. Kommen dann noch ungepflegte Klamotten und rüpelhaftes Verhalten hinzu, ist Schicht im Schacht.

Ein Date mit einer Waage

Dein Traumprinz ist eine Waage? Dann flirtet er wahrscheinlich gerne und weiß, was Mädels mögen. Wenn du diesen Typen für dich gewinnen willst, brauchst du Charme und Humor. Und du musst die Initiative ergreifen, wenn es darum geht, euer Date zu organisieren, denn in diesem Punkt können Waagen manchmal etwas unentschlossen sein.

So kannst du bei einem Waage-Boy punkten

Dein Einsatz	Skala	okay	hot	real hot!
Humor		▓▓▓▓▓▓	▓▓▓	
Selbstbewusstes Auftreten		▓▓▓		
Romantische Stimmung		▓▓▓▓▓		
Schüchternheit		▓		
Intelligente Gespräche		▓▓▓▓		
Hippes Styling		▓▓▓▓▓▓▓	▓▓▓	▓
Natürlichkeit		▓		
Power		▓▓▓▓▓		

Und so wirst du eine Waage ganz schnell wieder los

Harmonie ist für Waagen das Nonplusultra! Willst du einen Waage-Jungen loswerden, musst du kleine Streitereien anzetteln und besonders zickig auftreten. Ein paar Tage Stress und er wird das Weite suchen.

Ein Date mit einem Skorpion

Einen Skorpion kann man nicht so leicht um den Finger wickeln. Dieses mysteriös angehauchte Sternzeichen ist manchmal schwer zu verstehen. Wirkt er etwas verschlossen, darf dich das nicht entmutigen. Einfach tapfer weiterflirten!

So kannst du bei einem Skorpion-Boy punkten

Dein Einsatz	Skala	okay	hot	real hot!
Humor		▓▓▓		
Selbstbewusstes Auftreten		▓▓▓▓▓▓▓▓▓▓▓▓		
Romantische Stimmung		▓▓▓▓▓		
Schüchternheit		▓▓▓		
Intelligente Gespräche		▓▓▓▓▓▓		
Hippes Styling		▓▓▓▓▓▓		
Natürlichkeit		▓▓		
Power		▓▓▓▓▓		

Skorpione mögen es nicht, in eine Schublade gesteckt und mit anderen verglichen zu werden. Vergleiche ihn also mit deinen Exfreunden und sage ihm, dass er ja so berechenbar sei. Auch solltest du ihm möglichst wenige Freiräume geben und ihn herumkommandieren. Das hält er nicht lange aus. Aber Vorsicht: Ein wütender Skorpion kann einem das Leben schon mal schwer machen.

Ein Date mit einem Schützen

Wie einst Amor schießen die Schützen mit Liebespfeilen auf die Mädchen ihrer Wahl. Kein Wunder, dass man sich schnell in einen Schützen verliebt. Doch die abenteuerlustigen Jungs sind nicht leicht zu bändigen. Beim Date muss der Funke überspringen.

So kannst du bei einem Schütze-Boy punkten

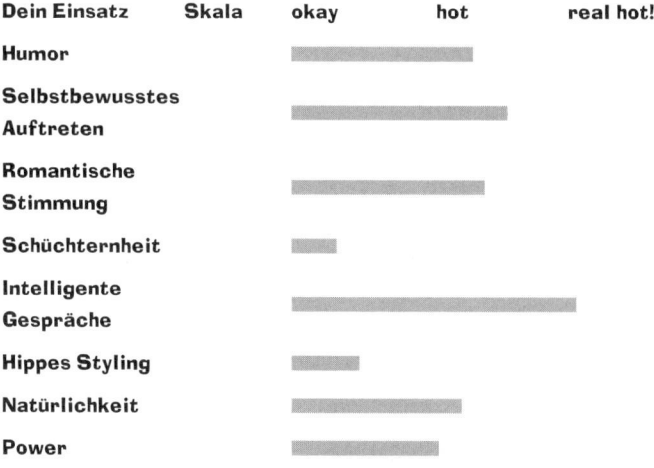

Dein Einsatz	Skala	okay	hot	real hot!
Humor		▓▓▓▓▓		
Selbstbewusstes Auftreten		▓▓▓▓▓▓		
Romantische Stimmung		▓▓▓▓▓		
Schüchternheit		▓		
Intelligente Gespräche		▓▓▓▓▓▓▓		
Hippes Styling		▓▓		
Natürlichkeit		▓▓▓▓		
Power		▓▓▓▓		

Und so wirst du einen Schützen ganz schnell wieder los

Einen Schützen kannst du verprellen, indem du ihm ständig widersprichst und seine Meinung abwertest. Ist sein Stolz verletzt, bist du schon ein ganzes Stück weiter. Wenn du am Ball bleibst und keine Einsicht zeigst, wird er sich irgendwann verabschieden.

Ein Date mit einem Steinbock

Dein Traumprinz ist also ein Steinbock? Von einem schnellen Flirt kann da kaum die Rede sein. Der Steinbock-Junge wird es dir nämlich nicht ganz leicht machen, ihn zu erobern. Humor alleine bringt dich auch nicht voran, da der Steinbock eher ernst ist. Aber mit Beharrlichkeit und einem süßen Lächeln kommst du bestimmt weiter.

So kannst du bei einem Steinbock-Boy punkten

Dein Einsatz	Skala	okay	hot	real hot!
Humor		▬		
Selbstbewusstes Auftreten		▬▬		
Romantische Stimmung		▬▬▬		
Schüchternheit		▬▬▬		
Intelligente Gespräche		▬▬▬		
Hippes Styling		▬▬		
Natürlichkeit		▬▬▬▬		
Power		▬▬▬		

Und so wirst du einen Steinbock ganz schnell wieder los

Mit einer richtigen Emotionskeule kannst du einen Steinbock recht gut verschrecken. Szenen mit Heulattacken, Gezicke und übertriebenen Liebesschwüren kommen bei ihm nicht gut an. Tipp: Wirf ihm vor, dass er ein Streber sei, dem die Schule viel wichtiger ist als seine Freundin. Das wirkt.

E i n   D a t e   m i t   e i n e m   W a s s e r m a n n

Wenn ein Wassermann dein Traumprinz ist, dann könntest du ihn mit süßen SMS ködern. Überhaupt stehen Wassermann-Jungs sehr auf moderne Technik – aber auch auf fröhlich-selbstbewusste Mädchen, die gemeinsam mit ihm etwas unternehmen!

So kannst du bei einem Wassermann-Boy punkten

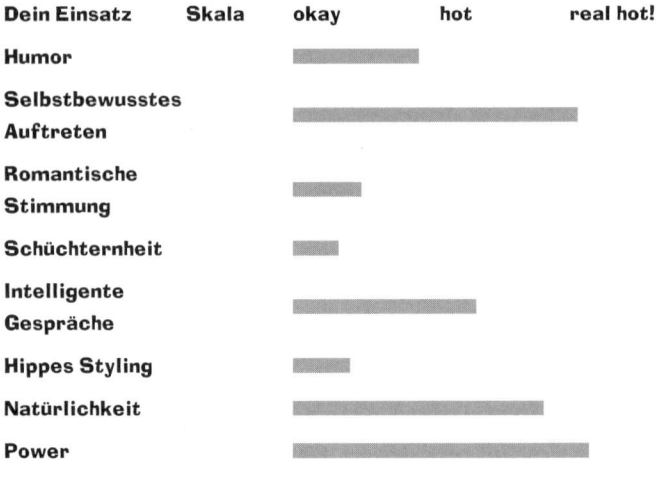

Dein Einsatz	Skala	okay	hot	real hot!
Humor		▬▬▬▬		
Selbstbewusstes Auftreten		▬▬▬▬▬▬▬▬▬		
Romantische Stimmung		▬▬▬		
Schüchternheit		▬▬		
Intelligente Gespräche		▬▬▬▬▬▬		
Hippes Styling		▬▬		
Natürlichkeit		▬▬▬▬▬▬▬		
Power		▬▬▬▬▬▬▬▬▬		

Und so wirst du einen Wassermann ganz schnell wieder los

Wassermänner stehen nicht auf anhängliche Tussis. Lass ihm wenig Freiräume und nerve ihn damit, dass du nichts unternehmen willst, weil zum Beispiel deine Fingernägel abbrechen könnten oder weil du deine Hose nicht dreckig machen willst. Lange wird der Wassermann das ganz sicher nicht aushalten.

Ein Date mit einem Fisch

Ein Date mit einem Fische-Jungen kann viel Spaß machen, weil Fische die geborenen Romantiker sind und sich liebenswert um ihre Prinzessin kümmern. Dabei sollte man den Fisch jedoch besser nicht überrumpeln, sondern ihn sanft anflirten. Das wirkt Wunder.

So kannst du bei einem Fische-Boy punkten

Dein Einsatz	Skala	okay	hot	real hot!
Humor		▰▰		
Selbstbewusstes Auftreten		▰▰		
Romantische Stimmung		▰▰▰▰▰▰▰		
Schüchternheit		▰▰▰▰		
Intelligente Gespräche		▰▰▰		
Hippes Styling		▰		
Natürlichkeit		▰▰▰▰▰		
Power		▰▰▰▰▰		

Und so wirst du einen Fisch ganz schnell wieder los

Als feurige Dramaqueen kannst du den Fisch stark verunsichern. Wichtig ist, dass er sich bei dir nicht mehr geborgen fühlt. Ganz ohne Romantik und ohne liebenswerte Gefühle erlischt die Fische-Liebe mit der Zeit wie von selbst.

Das intergalaktische Liebesorakel

Wer wird dich demnächst anflirten? Welcher Junge wird sich in dich verlieben und wen wirst du daten?
Das intergalaktische Liebesorakel könnte dir einen kleinen Tipp geben.

Und so geht's: Sorge für die passende Stimmung. Ruhige Musik und ein paar Kerzen schaffen ein gutes Umfeld. Dann überlegst du dir, welche Frage du am liebsten stellen möchtest:

- »Bei welchen Sternzeichen habe ich (bei der nächsten Party, im Urlaub, am Wochenende etc.) gute Flirtchancen?«
- Oder: »Wie wird mein nächstes Date?«
- Oder: Ja/Nein-Fragen wie: »Werde ich mit XY zusammenkommen?«

Schreibe jetzt dein Geburtsdatum auf einen Zettel und daneben den heutigen Tag. Wenn du eine Zukunftsberechnung machen willst, schreibst du statt des aktuellen Datums den Tag auf, der für dich wichtig ist. Zum Beispiel, weil du da auf eine Party gehst, ins Zeltlager fährst oder vielleicht sogar ein Date hast. Nun musst du die Zahlen addieren, denn das Ergebnis entspricht einem der zwölf Sternzeichen. In der Tabelle unter den Beispielen kannst du nachgucken, was das Orakel dir sagen will.

Das klingt kompliziert? Ist es aber eigentlich nicht. Mit diesen Beispielen bekommst du den Durchblick:

Malena wurde am 13.06.1995 geboren.
Am 28.07.2010 gibt ihre beste Freundin eine Party und will ein paar Jungs aus ihrem Sportverein einladen. Malena will wissen, bei welchem Sternzeichen sie auf der Party am besten landen kann. Also schreibt sie alle Zahlen auf einen Zettel:

Frage: »Bei welchen Sternzeichen habe ich am 28.07.2010 gute Flirtchancen?«

Geburtsdatum plus Partydatum: 1 + 3 + 0 + 6 + 1 + 9 + 9 + 5 + 2 + 8 + 0 + 7 + 2 + 0 + 1 + 0

Malenas Zwischenergebnis ist: 54

Da sie aber eine Zahl zwischen 1 und 12 braucht, addiert sie die Ziffern erneut:

5 + 4

Ergebnis: 9

Die Zahl 9 entspricht dem Schützen. Und wer weiß: Vielleicht wird Malena ja von einem süßen Schützen angeflirtet …

Und was ist, wenn man bei der zweiten Rechnung wieder eine Zahl rausbekommt, die größer ist als 12?
Kein Problem, auch dafür haben wir ein Beispiel:

Lea will vom Orakel wissen: »Ist Finn in mich verliebt?«

Leas Geburtsdatum: 29. 10. 1998
Heutiges Datum: 02. 05. 2010
Rechnung: 2 + 9 + 1 + 0 + 1 + 9 + 9 + 8 + 0 + 2 + 0 + 5 + 2 + 0 + 1 + 0 = 49
Zweite Rechnung: 4 + 9 = 13 (wieder keine Zahl zwischen 1 und 12)
Also folgt die dritte Rechnung: 1 + 3 = 4

Das Ergebnis ist die 4. In der Orakeltabelle entspricht das der Antwort »Nein«.

ORAKELDEUTUNG

Zahl	Sternzeichen mit Flirtpotenzial	Ein nächstes Date wird:	Ja/Nein-Orakel
1	Widder	Stürmisch!	Ja
2	Stier	Echt gemütlich	Vielleicht
3	Zwillinge	Ziemlich unterhaltsam	Vielleicht
4	Krebs	Wie das Aprilwetter: mal nett, mal nervig	Nein
5	Löwe	Ein voller Erfolg	Ja
6	Jungfrau	Gut geplant und interessant	Vielleicht
7	Waage	Total lustig – ein echtes Fun-Date	Vielleicht
8	Skorpion	Etwas anstrengend, aber auch schön	Nein
9	Schütze	Auf jeden Fall lehrreich	Ja
10	Steinbock	Anfangs etwas zurückhaltend, später auf jeden Fall ein schönes Date	Vielleicht
11	Wassermann	Abwechslungsreich und turbulent	Vielleicht
12	Fische	Soooo romantisch!	Nein

Kleiner Tipp (nicht nur für die Leas und Malenas unter euch) So ein Orakel macht viel Spaß und wer weiß, vielleicht sagt es euch ja die reine Wahrheit! Aber wenn es darum geht, wichtige Entscheidungen zu treffen, solltet ihr vor allem auf euer Herz hören – und vielleicht auf die Ratschläge von den Menschen, denen ihr wirklich vertrauen könnt. Denn die kennen euch besser als jedes Orakel.

In die Sterne geguckt –
Eine Rätselgeschichte zum Mitraten

»Donnerstags habe ich immer Pech!« Nina schnupperte missbilligend an ihrer Brotbox. »Leberwurst! Dabei weiß Mama genau, dass ich Leberwurst hasse!«

»Essen im Computerraum ist auch während der großen Pausen nicht gestattet!«, tönte die Stimme von Frau Bruhns-Lage hinter einem der Regale hervor. Nach einer kurzen Pause fügte sie hinzu: »Und Trinken auch nicht!«

»Nimm's leicht!« Zoe sah von den losen Blättern auf, die gerade durch den Kopierer jagten. Es war die neueste Ausgabe der Schülerzeitung. »Ab heute wird sich dein Schicksal wenden!«

»Wie das?« Nina warf ihrer Freundin einen kritischen Blick zu.

»Gleich am Donnerstag hast du das Liebesglück für dich gepachtet! Die Sterne melden top Flirtchancen und dein Traumprinz wird sich bei dir melden!«, las Zoe vor.

»Ist das schon wieder dieses Horoskop?« Nina warf einen Blick über Zoes Schulter.

»Geht das bitte auch leiser?«, zischte Frau Bruhns-Lage zwischen zwei Bänden »Computer für Anfänger« hindurch.

»Was für ein Traumprinz?«, fragte Kitty, die gerade die Blätter sortierte.

»Na, der Traumprinz von Nina!«, erklärte Zoe zuversichtlich. Sie wandte sich wieder dem Kopierer zu. »Wenn es hier steht, dann stimmt es auch!«

Nina und Kitty waren nicht wirklich überzeugt. Natürlich lasen beide regelmäßig ihr Horoskop, aber eher aus Spaß. Schließlich war die Zeitung ein Schulprojekt – geschrieben von Schülern für Schüler. Und in einem Punkt waren sie sich ganz sicher: Keiner aus der Redaktion war ein echter Astrologe!

»Also, ich verwette mein Leberwurstbrot darauf, dass sich kein Traumprinz meldet.« Zoe verschränkte die Arme.

Ihre Freundinnen wollten gerade etwas antworten, als Nora aus der Parallelklasse auftauchte.

»Hier, das soll ich dir geben, Nina.« Sie streckte ihre Hand aus. Darin lag ein Zettel.

»Von wem ist der?«, fragte Kitty. Die Neugierde war ihr ins Gesicht geschrieben.

»Das darf ich nicht verraten. Nina muss es selbst herausfinden!« Nora grinste und machte auf dem Absatz kehrt. »Ich muss los, wir haben gleich Sport drüben im Neubau!«

»Sehr mysteriös!«, murmelte Zoe. »Die Schrift sieht aus wie von einem Jungen!«

»Lies vor!« Kitty drängelte sich zwischen die beiden.

»Liebe Nina«, Nina zögerte einen Moment. Dann fuhr sie fort: »Seit einem halben Jahr überlege ich, wie ich Dich ansprechen soll. Wie soll ich Dir sagen, dass ich Dich super finde? Und dass ich Dich gerne ins Kino einladen möchte. Ich weiß, dass Du Bollywood-Filme magst. Für Dich würde ich mir sogar so einen Film bis zu Ende angucken!«

»Wie süß!«, entfuhr es Kitty. Zoe warf ihr einen warnenden Blick zu.

»Soll ich weiterlesen?«, fragte Nina. Ihre Freundinnen nickten.

»Also: Irgendwie bin ich echt schüchtern, wenn es um Mädchen geht. Darum hör gut zu:

In Luft bin ich einer von dreien,
zwei weiter schießt Amor den Pfeil,
Gerechtigkeit kann ich verleihen,
nur Ordnung ward' mir nie zuteil.
Das Raubtier brüllt, bevor ich wache,
im Wasser kenn ich mich nicht aus,
Ideen sind echt meine Sache.
Wer bin ich? Bitte, find es raus!
Liebe Grüße, Dein Traumprinz.«

»Dein Traumprinz?« Kitty riss Nina das Papier aus der Hand. »Genau wie im Horoskop!«

»Na, dann herzlichen Glückwunsch. Ihr habt soeben ein Leberwurstbrot gewonnen!« Nina hielt ihnen die Brotbox hin. Doch weder Zoe noch Kitty interessierten sich für den Pausensnack.

»Aber die Zeitung erscheint doch erst heute in der zweiten Pause!« Kitty deutete ratlos auf die Papierstapel.

Sofort begann Zoe hektisch auf und ab zu laufen. »Dann ist es jemand aus der Redaktion! Jemand, der weiß, dass wir die Horoskope immer sofort lesen!«

»Setzen, Zoe! Kein Sport im Computerraum!«, imitierte Kitty die Stimme von Frau Bruhns-Lage.

»Natürlich! Er teilt dir sein Sternzeichen mit!« Zoe blieb stehen.

Dafür kam jetzt Leben in Nina. Ihre Wangen waren rot angelaufen und sie fuhr sich hektisch durch die Haare. »Wir müssen das Rätsel lösen!«

»Also, ich verstehe nur Bahnhof!«, sagte Kitty. »Was soll das mit dem Raubtier und der Luft?«

»Wenn man sich ein bisschen mit Horoskopen auskennt, ist es ein leichtes Rätsel! Aber ohne die Geburtsdaten der Redaktionsjungs kommen wir nicht weiter!« Zoe setzte sich an einen der Computer. »Mal sehen.« Sie klickte mit der Maus herum und murmelte dabei unverständliches Zeug. So in etwa: »Jaha … undso … hmmmm … hierja … nee … dochhmmm.« Schließlich sah sie auf. »Ich hab's! Die Geburtstagsliste der Schülerzeitung! Die hat Lisa aus der Siebten doch mal im Organisationsordner angelegt.«

»Na, dann besten Dank an Lisa!«, sagte Nina.

»Es sind sechs Jungs – und alle zwischen 14 und 16 Jahren!«
Zoe schrieb sich die Namen und die Daten auf einen Zettel:

Jonas: 08. Februar
Tobi: 24. Juni
Leon: 27. Juli
Marcel: 18. September
Nathan: 29. September
Richard: 30. November

»Jonas ist absolut mein Typ!«, meinte Zoe. »Und Tobi sieht gut aus, aber ab und zu ist er ziemlich arrogant.«
»Ja, hoffentlich ist es nicht Tobi!«
»Und Leon ist es garantiert nicht. Der ist nicht schüchtern. Im Gegenteil: Er stellt sich doch ständig in den Mittelpunkt!«, sagte Kitty.
»Richard ist superlustig und Nathan hat dieses total süße Lächeln!« Nina war jetzt richtig aufgeregt. »Und Marcel … Na ja, den kenne ich nicht so wirklich.«
»Die sechs Jungs haben jedenfalls alle unterschiedliche Sternzeichen«, bemerkte Zoe.
»Na prima, dann müssen wir ja nur noch das mit der Luft und den dreien und dem Amor lösen und schon wissen wir, wer Ninas Traumprinz ist!« Kitty verdrehte die Augen.
»Sei nicht so pessimistisch.« Zoe wandte sich an Nina. »Los, komm! Das Rätsel lösen wir noch vor dem Klingeln!«

Jetzt bist du gefragt! Kannst du Nina helfen und heraus-finden, wer ihr Traumprinz ist?

Ist es

a) Jonas

b) Tobi

c) Leon

d) Marcel

e) Nathan

oder

f) Richard?

Dein Sternzeichenwissen wird dir bestimmt bei der Lösung helfen!

Und so geht es weiter

»Ich hoffe, es ist …« Weiter kam Nina nicht.

»Luftzeichen!«, rief Zoe. »Es muss ein Luftzeichen sein! Von allen Elementen gibt es im Tierkreis nämlich jeweils drei. Also dreimal Luft, dreimal Feuer, dreimal Wasser und dreimal Erde.«

»Stimmt! Daher auch der Satz ›*In Luft bin ich einer von dreien*‹.« Kitty grinste. Dann wurde sie wieder nachdenklich. »Und was soll der Liebesgott Amor dabei?«

»Also, ich habe auf jeden Fall schon mal das mit dem Wasser gelöst«, sagte Nina zufrieden. »Er kennt sich im Wasser nicht aus, weil sein Zeichen ja Luft ist.«

»Und das Raubtier könnte ein Löwe sein!«, sagte Zoe eifrig. »Aber der kommt vor seinem Zeichen.«

»Dann muss er im Herbst oder im Winter geboren sein!«

»Na ja, oder im Spätsommer. Das hilft uns noch nicht so richtig weiter.«

»Er sagt, dass seinem Zeichen Gerechtigkeit wichtig ist und dass er gute Ideen hat, also kreativ ist. Ordnung hingegen liegt ihm weniger. Klingt nicht nach einer Jungfrau oder einem Steinbock. Die arbeiten doch sehr gewissenhaft.«

»Hey, ich glaube, ich weiß, was das mit Amor soll!« Nina strahlte plötzlich. »Amor schießt mit Pfeilen auf Verliebte. Daher ist er so etwas wie ein Schütze!«

»Na klar!« Zoe sprang auf. »Zwei Sternzeichen vor dem Schützen liegt ...«

»Waage!«, platzte Nina raus.

»Waage?« Kitty sah mit leuchtenden Augen in die Runde!

»Ja, das passt!«

»Wir haben ihn!«, freute sich Nina. »Doch wer von den Jungs ist jetzt Waage?«

»Also, Jonas ist Wassermann, Tobi ist Krebs und Leon ist ein Löwe.«

Ninas Wangen färbten sich wieder rot. »Marcel ist Jungfrau und ...«

»... und Nathan ist Waage!«, kreischte Kitty.

Frau Bruhns-Lage warf den Mädchen einen bitterbösen Blick zu. Im gleichen Augenblick klingelte es.

»Nathan!«, flüsterte Nina. Dann lächelte sie. »Das hatte ich gehofft!«

FREUNDE UND FREIZEIT

Die beste Freundin habt ihr euch bestimmt nicht nach dem Sternzeichen ausgesucht, sondern danach, wie gut ihr euch beide versteht.

Wie gut ihr astrologisch zusammenpasst, könnt ihr mit dem folgenden Test herausfinden.

Kreuze fünf Eigenschaften an, die dir bei deinen Freundinnen wichtig sind:

- ☒ Mut
- ☒ Ehrlichkeit
- ☐ Kreativität
- ☒ Humor
- ☐ Aktivität
- ☐ Abenteuerlust
- ☐ Organisationsgeschick
- ☐ Freundlichkeit
- ☐ Bescheidenheit
- ☐ Offenheit
- ☐ Zuverlässigkeit
- ☐ Sensibilität
- ☒ Entschlossenheit
- ☐ Gerechtigkeit
- ☐ Vielseitigkeit
- ☒ Geduld
- ☐ Großzügigkeit

Und? Welche Sternzeichen konnten bei dir besonders punkten?
Zähle einfach zusammen und stelle fest, wer von deinen Freundinnen mit ihren Eigenschaften an der Spitze liegt.

Eigenschaft	Ein Punkt für
Mut	Löwe, Widder
Ehrlichkeit	Löwe, Jungfrau, Wassermann
Kreativität	Skorpion, Stier, Widder, Wassermann, Fische und Waage
Humor	Waage, Zwillinge, Löwe, Schütze
Aktivität	Widder, Zwillinge, Löwe, Schütze, Wassermann
Abenteuerlust	Widder, Zwillinge, Wassermann, Löwe
Organisations-geschick	Jungfrau, Krebs, Skorpion
Freundlichkeit	Waage, Stier, Fische
Bescheidenheit	Jungfrau, Steinbock
Offenheit	Widder, Schütze, Zwillinge, Waage, Schütze
Zuverlässigkeit	Stier, Skorpion, Steinbock, Fische
Sensibilität	Krebs, Fische
Entschlossenheit	Löwe, Krebs, Widder, Steinbock
Gerechtigkeit	Waage
Vielseitigkeit	Waage, Zwillinge, Schütze
Geduld	Stier, Steinbock
Großzügigkeit	Fische, Löwe

Starbag: Den Sternzeichen ins Handtäschchen geguckt

Klar, es gibt ein paar grundlegende Dinge, die Frau stets dabeihaben sollte. Dazu gehört etwas Geld, der Haustürschlüssel und vielleicht auch das Handy. Doch was macht man mit dem restlichen Platz? Klarer Fall: Da kommen die sieben Sachen rein, die man für seinen täglichen Luxus braucht. Und dieser Luxus sieht bei jedem Sternzeichen etwas anders aus.

Das Widder-Gepäck

Widder-Mädchen wollen unabhängig sein. Deshalb packen sie alles ein, was sie für einen ereignisreichen Alltag brauchen: einen Stift (zum Beispiel um sich Telefonnummern zu notieren), ein  Heftchen mit Veranstaltungstipps, Deo (wenn der Tag so richtig heiß wird) und eine kleine Flasche mit Wasser (nicht, um das Feuer zu löschen, sondern nur den Durst). Gut aussehen wollen sie dabei natürlich auch. Die Basics wie Wimperntusche und Lipgloss haben sie stets dabei.

Das Stier-Gepäck

Stier-Mädchen schätzen praktische Taschen, in denen sie alles verstauen können, was sie unterwegs brauchen. Modischer Schnickschnack gehört nicht dazu. Dann doch lieber die Sandwichbox, der MP3-Player mit einem unterhaltsamen Hörbuch (oder auch Hörspiel) und einen Handwärmer für kalte Wintertage.

Das Zwilling-Gepäck

Stil muss die Tasche der Zwillings-Mädchen auf jeden Fall haben. Dabei muss sie aber auch handlich und robust sein. Denn Zwillinge sind viel unterwegs. Und was kommt mit? Bei typischen Zwillingen ist der Fahrradschlüssel immer dabei (so ist man stets mobil), zusätzlich noch Fotos (Erinnerung an den letzten Strandurlaub), eine Sonnenbrille (irgendwann scheint die Sonne bestimmt!), ein kleiner Glücksbringer (Geschenk von einer netten Freundin) und Handcreme (weil sie gerne mal mit anpacken).

Das Krebs-Gepäck

Wenn das Krebs-Mädchen unterwegs ist, ersetzt die Handtasche das Zuhause. Folglich muss sie sorgsam gepackt sein und die wichtigsten Dinge enthalten: eine Bürste (sie hat die Haare schön!), ein Duftsäckchen (gegen Muffeltaschengeruch), ein Roman (für die Extraportion Literatur) und einen Füller (zum Aufschreiben wichtiger Ideen). Die Tasche selbst muss nicht der letzte Schrei sein, aber schick sollte sie sein!

Das Löwe-Gepäck

Die Löwen (als Stars unter den Sternzeichen) müssen stets für den großen Auftritt gewappnet sein. Daher ist in ihren Handtaschen oft ein auffälliger Lipgloss (je mehr Glamour, desto besser!) zu finden. Dazu ein Parfumpröbchen mit einem sommerlichen Duft und etwas Glitzerpuder. Auch für ein paar besondere Accessoires ist Platz in der Löwentasche – zum Beispiel eine exotisch anmutende Haarspange. Und die Handtasche selbst muss natürlich auch ein Hingucker sein.

Das Jungfrau-Gepäck

Jungfrauen sind nicht eitel und brauchen weniger Platz für Make-up. Viel lieber lernen sie neue Sachen – zum Beispiel Fremdsprachen. Da passen ein paar Vokabelkarten immer in die Tasche. Und für längere Touren nimmt Frau Jungfrau auch gerne einen MP3-Player mit Hörbüchern und viel Musik mit. Da sie gut organisiert ist, hat sie auch Dinge für den Notfall dabei: ein Pflaster (sicher ist sicher), Taschentücher (kann man immer gebrauchen) oder vielleicht ein Nagelset (vielseitig einsetzbar).

Das Waage-Gepäck

Die Taschen von Waagen sind für viele Überraschungen gut. Da finden sich Kinokarten vom letzten Jahr, ein paar Süßigkeiten für den kleinen Hunger (oder auch für den großen), ein spannendes Taschenbuch für langweilige Busfahrten und ein paar Andenken an den letzten Urlaub – zum Beispiel einige besonders schöne Muscheln. Waagen haben ein sicheres Gespür für Trends und suchen sich besonders schicke Taschen aus (davon haben sie natürlich gleich mehrere).

Das Skorpion-Gepäck

Geheimnisvoll und mystisch, wie Skorpione gerne sind, lassen sie sich nicht so einfach in die Tasche gucken. Diese besitzt auf jeden Fall einen Reißverschluss, um den Inhalt vor neugierigen Blicken zu schützen. Schließlich könnte das (ganz private!) Tagebuch des Skorpion-Mädchens im Gepäck liegen. Des Weiteren findet man im Skorpion-Täschchen zum Beispiel schwarze Stifte mit Feder-puschel (Gothic lässt grüßen), ein Fläschchen mit stark duftendem Parfum und die Leseprobe eines Mystery-Romans.

Das Schütze-Gepäck

Pfeil und Bogen wird man in der Schützentasche nicht finden. Dafür tragen manche Schütze-Mädchen gleich mehrere Bücher (was Romantisches, was Unterhaltsames und etwas Lehrreiches) mit sich rum. Nicht fehlen darf etwas gute Schokolade (selbst im Sommer), ein Intelligenzspiel für zwischendurch (Sudoku) und die Stempelkarte von dem leckeren Coffeeshop.

Das Steinbock-Gepäck

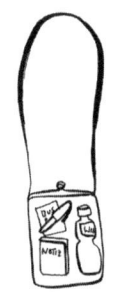

Gut geplant ist halb gewonnen. Das finden jedenfalls die fleißigen, zielstrebigen Steinbock-
Mädchen. In ihre Handtasche packen sie daher ein Notizbuch, einen Kugelschreiber, den
Busfahrplan und eine Flasche Wasser. So sind
sie stets für alles gewappnet – an Schultagen und in der
Freizeit. Die Tasche selbst ist … äh … egal. Hauptsache, alles passt rein und nichts fällt negativ auf.

Das Wassermann-Gepäck

Wassermänner – oder besser Wassermädchen – sind zwar
unternehmungslustig und aktiv, halten aber nichts von zu
ausladendem Gepäck. Als Lektüre dient ein leichter Reise-
führer oder ein informatives Magazin. Da sie technisch gut
ausgerüstet sind, ersetzt das Handy oft den MP3-Player,
das Notizbuch und den Fotoapparat. So haben sie mit
einem kleinen Gerät alles dabei, was sie brauchen. Weil sie
beim Packen sehr gewissenhaft vorgehen, denken sie natürlich auch an das Handyladegerät. Die Tasche selbst
muss schick und hochwertig, aber vor allem strapazierfä-
hig sein.

Das Fische-Gepäck

In einer Fische-Tasche könnte sich
neben Geldbörse und Haustürschlüssel auch ein Tarot-Karten-
deck (oder auch zwei) befinden.
Manche Fische haben einen MP3-
Player mit einem Hörbuch bei sich. So können sie mitten
im Alltag in eine fantastische Welt abtauchen. Da sie sich
gerne schminken (und sogar verkleiden), haben Fische-
Mädchen die Make-up-Basics eigentlich immer dabei.

Galaktische Geschenke: So machst du die Sternzeichen glücklich

Widder

Widder-Mädchen mögen es heiß: Als Glücksbringer eig-
net sich daher ein Freundschaftsband in glühenden Far-
ben. Feurig dürfen auch süße Geschenke sein – zum Beispiel edelherbe Schokolade mit
Chili. Ein Stückchen Vulkan
macht Widder auch im Badezimmer glücklich, nämlich als

Bimsstein aus Lava. Und wer den Widder gut unterhalten will, verschenkt einen Kinogutschein.

Stier

Stier-Mädchen freuen sich über Dinge, die den Alltag schöner machen. Das können Duftkerzen fürs Bad sein (Stiere mögen blumige Düfte) oder niedliche Kühlschrankmagnete. Leckereien wissen Stiere auch zu schätzen und freuen sich bestimmt über selbst gebackene Schokomuffins mit bunten Streuseln. Ein Kochbuch mit leckeren Sommerrezepten könnte bei Miss Stier ebenfalls gut ankommen.

Zwillinge

Immer auf Achse, so sind die Zwillinge. Eine super Überraschung ist daher eine Fahrradtour mit einem Überraschungs-Picknick. Wer lieber etwas fürs Badezimmer schenken möchte, sollte sich nach  einem frischen, sportlichen Duft umschauen. Da Zwillings-Mädchen bei Wind und Wetter unterwegs sind und gerne mit anpacken, ist eine Handcreme ein gutes Geschenk. Und für den Frühstückstisch gibt es selbst gekochte Marmelade mit einem süßen Etikett.

Krebs

Krebsen kann man eigentlich immer etwas Schönes für ihr Zimmer schenken. Ein selbst genähtes Duftkissen im romantischen Look gefällt vielen Krebs-Mädchen richtig gut. Für Unterhaltung sorgen dicke Schmöker (bitte keine Thriller!) oder eine CD mit Kuschelsongs. In Sachen Beauty ist eine hübsche Dose mit Badesalz (Rosenduft) eine gute Wahl, und zum Knabbern etwas echt Herziges – wie zum Beispiel ein Lebkuchenherz.

Löwe

Luxus rules! Wer eine Löwin glücklich machen will, sollte sich nach glitzernden Glücksketten mit schicken Anhängern umschauen. Auch in Sachen Beauty darf die Extraportion Glamour nicht fehlen. Badeschaum mit Glitzerpartikeln kommt da gut an. Wer es natürlicher haben möchte, kann dem Löwe-Mädchen seine Glücksblume schenken – die Sonnenblume.

Jungfrau

Wer ein Jungfrau-Girl glücklich machen will, kann es zum Eisessen einladen. Auch ein selbst geknüpftes Freundschaftsarmband aus Perlen ist ein gutes Geschenk. Viele Jungfrauen freuen sich, wenn du ihnen eine CD mit deinen Lieblingssongs zusammenstellst. Und wenn es lieber etwas Gekauftes sein soll, könntest du nach einem süßen Frühstücksbrettchen Ausschau halten.

Waage

Waage-Mädchen lieben Geschenke, die gute Laune bringen! Ein fröhliches Buch oder Hörbuch macht ihnen viel Spaß. Als Beauty-Geschenk eignen sich bunte Badekugeln, die viel Schaum machen. Auch ein selbst genähtes Stofftier finden Waagen echt süß (wie wäre es mit einem Glücks-Hasi?). Passend zur Herbstzeit kommt auf dem Waage-Geburtstagstisch auch immer ein Apfelkuchen mit Streuseln gut an.

Skorpion

Nicht alle Skorpione mögen es ausschließlich düster, aber mit einem Vampirroman kann man bei Skorpion-Mädchen eigentlich nichts falsch machen. Auch Tarotkarten könnten diesem Sternzeichen gefallen. In Sachen Wellness und Beauty mögen Skorpione orientalische Gerüche – zum Beispiel als Räucherstäbchen oder als Bodylotion. Für das leibliche Wohl sorgen heiße Speisen mit Zimt.

Schütze

Wer ein Schütze-Mädchen beschenken will, sollte sich etwas Ausgefallenes suchen. Japanische Süßigkeiten, amerikanische Mädchenmagazine, ein fruchtiges Duschgel (limitierte Edition) oder witzige Motiv-Taschentücher. Viele Schützen mögen das Kino, weswegen ihnen ein Gutschein für einen Filmabend bestimmt gefällt. Auch CDs mit Filmmusik treffen bei Schützen ins Schwarze.

Steinbock

Steinbock-Girls haben ein Talent zum Organisieren, und weil sie zum Jahreswechsel Geburtstag haben, kann man ihnen einen schicken Taschenkalender für die Schule schenken oder selbst einen Fotokalender  fürs Steinbock-Zimmer basteln. Bei der Mission Badezimmer kann man für Steinböcke eine frisch duftende Seife aussuchen und bei Süßigkeiten kommt Vollmilchschokolade gut an.

Wassermann

Wissenschaft und Technik interessieren nicht nur den Wassermann, sondern auch das Wassermädchen. Passend zum neuen Handy kann man deshalb einen coolen Handyanhänger schenken oder eine Handytasche (übrigens: Wassermänner mögen die Farbe Blau). Karten fürs Schwimmbad sind auch eine gute Idee, und wenn es etwas Leckeres sein soll, freuen sich Wassermänner bestimmt über Kakaokugeln (zum Auflösen in heißer Milch).

Fische

Das Fische-Herz sehnt sich nach etwas Romantik und Wärme. Eine Wärmflasche könnte daher ein schönes Geschenk sein. Vor allem, wenn du selbst eine niedliche Hülle dafür nähst. Viele Fische sind sehr kreativ und freuen sich über Mal- oder Bastelsachen. Im Bad mögen es Fische-Girls exotisch – zum Beispiel mit Kokosnuss-Duschgel. Zimtschnecken sind ein guter Ersatz für einen Geburtstagskuchen.

ASTRO-FUN

Das märchenhafte Fairytale-Horoskop

Wer Horoskope schreibt, erzählt hoffentlich keine Märchen. Trotzdem gibt es jetzt auch für Feen, Prinzessinnen und Co einen Platz in der Welt der Sterne.
Hier kannst du nämlich im exklusiven Fairytale-Horoskop nachlesen, in welcher Geschichte du der Märchen-Star bist und wie es bei dir mit Prinzen und Fröschen aussieht. Bist du im Zeichen des Schneewittchens geboren oder bist du ein astrologisches Rotkäppchen? Ein Blick auf die Geburtsdaten verrät es dir.

GRETEL
22. Dezember - 20. Januar

Pragmatisch, praktisch, gut: Auch ohne fremde Hilfe meistern Gretel-Girls ihr Leben ziemlich fachmännisch. Sie wissen, was sie brauchen, und sie scheuen sich nicht vor Arbeit. Geduldig passen sie den richtigen Moment ab – zum Beispiel, um fiese Hexen zu besiegen. Ja, Gretels sind echte Siegertypen. Aber sie prahlen nicht groß rum, sondern genießen ihren Erfolg ganz leise.

Und das ist Gretels Prinz: Gretel ist echt unabhängig und verliebt sich nicht so schnell. Liebe auf den ersten Blick gibt es bei ihr selten. Oft passiert es, dass ihr Prinz lange Zeit einfach nur ein guter Freund für sie war – zum Beispiel jemand aus der Clique von Bruder Hänsel.

SCHNEEWITTCHEN
21. Januar - 19. Februar

Durch tiefe Wälder und bis hinter die sieben Berge verschlägt es das Schneewittchen. Sie hat das Herz eines Auswanderers und stets etwas Fernweh. Als Lager braucht diese Prinzessin kein Schloss, denn ihr reicht die schräge Zwergen-WG. Echte Schneewittchen brauchen eben keinen Luxus. Sie wollen lieber etwas von der Welt sehen und Abenteuer erleben, auch wenn sie dafür ab und zu in den sauren Apfel beißen müssen.

Und das ist Schneewittchens Prinz: Wer ein Schneewittchen daten will, der muss schon etwas verwegener sein. Dieser Prinz muss nicht nur seine Prinzessin vor bösem Obst und Erziehungsberechtigten retten, sondern auch beweisen, dass er noch mehr auf dem Kasten hat als die Zwergen-WG.

DIE KLEINE MEERJUNGFRAU
20. Februar - 20. März

Im warmen Wasser, umringt von Fischfreunden und See-
pferdchenkumpel, fühlt sich die kleine Meerjungfrau
wohl. Die kalte Welt ist nicht wirklich ihr Element und
100 Prozent bodenständig ist sie auch nicht – klar, ist ja
auch schwierig, wenn man einen Fischschwanz statt Bei-
nen hat. Aber wenn sie sich verliebt, nimmt sie auch Stress
und Action auf sich. Gefühle spielen eben eine große Rolle
in ihrem Leben.

Und das ist der Prinz der kleinen Meerjungfrau: Meer-
jungfrauen lassen sich manchmal von ihrem Herzen blen-
den. Dann retten sie einen Prinzen,
der ein Brett vor dem Kopf hat
und die wahre Liebe nicht er-
kennt. Im echten Leben (und im
Zeichentrickfilm) gibt es jedoch
auch für die Liebe der Meerjung-
frauen ein richtiges Happy End!

FROSCHKÖNIGIN
21. März - 20. April

Dieses Mädchen hat die absolute Power: die Froschkönigin. Als Prinzessin schmeißt sie beim Training vor lauter Schwung ihren Ball in den Brunnen, dann flirtet sie

mit funkelnden Augen einen Frosch an und schmettert ihn schließlich an die Wand. Geduld ist nicht ihre Stärke und manchmal kochen die Emotionen über. Aber was immer diese Queen macht: Sie macht es mit vollem Einsatz und der Kraft des inneren Feuers.

Und das ist der Prinz der Froschkönigin: Viele Frösche stehen auf diese Powerfrau. So sportlich, kraftvoll und lebensfroh ist sie aber auch einfach unschlagbar. Chancen haben aber nur die Typen, die innere Werte haben. Gesucht wird der Prinz im Froschpelz. Der darf übrigens kein Schleimer sein und nicht dauernd rumquaken.

DORNRÖSCHEN
21. April - 20. Mai

Stress und Hektik liegen Dornröschen gar nicht. Sollen doch andere Partys mit abgedrehten Feen veranstalten und im Schloss rumspinnen. Sie hat es gerne gemütlich und schön. Ein paar Rosen hier, eine Kuschelecke da, und schon ist Dornröschen total relaxed. Dieses Mädchen hat eben die Kunst des schönen Lebens für sich entdeckt. Obwohl sie hinter

Dornenranken lebt, ist sie übrigens nicht weltfremd. Sie weiß genau, was gerade abgeht.

Und das ist Dornröschens Prinz: 100 Jahre müssen es nicht unbedingt sein, aber ein echtes Dornröschen kann auf den Richtigen warten – sofern er sie nicht mit dem Charme eines digitalen Reiseweckers überfällt, sondern seine Prinzessin ganz sanft wachküsst und zu einem romantischen Frühstück einlädt.

SCHNEEWEISSCHEN UND ROSENROT
21. Mai - 21. Juni

Diese Schwestern sind stets im Doppelpack unterwegs – auf der Suche nach spannenden Abenteuern. Dabei streifen sie mutig durch den Wald und lassen auch schon mal einen wilden Bären ins Haus. Bei allem Umherstreifen sind sie trotzdem recht familiäre Typen und bilden mit ihrer Mum ein tolles Team. Die beiden wissen es eben: Gemeinsam ist man einfach stärker. Und das ist der Schneeweißchen/ Rosenrot-Prinz: Schneeweißchen und Rosenrot wollen keinen 08/15-Prinzen mit Krone und Zahnpastalächeln. Sie entscheiden sich für den Bären, denn der ist nicht nur verzaubert, sondern auch echt stark und outdoortauglich – genau der Richtige für gemeinsame Unternehmungen!

DIE PRINZESSIN AUF DER ERBSE
22. Juni - 22. Juli

Nein, sie ist keine Tussi! Auch wenn manche das behaupten. Die kennen die Prinzessin auf der Erbse eben nicht gut genug. Sie hingegen weiß einfach, dass man rückenfreundlich schlafen sollte und dass Erbsen in den Kochtopf und nicht ins Bett gehören. Diese Prinzessin ist praktisch, aber auch sensibel und sie braucht ein schönes, geordnetes Zuhause, um sich wohlzufühlen!

Und das ist der Prinz der Erbsenprinzessin: Wer mit der Prinzessin auf der Erbse ausgehen möchte, sollte sich wie ein echter Gentleman benehmen. Grobe Machos können bei diesem Mädchen nicht landen. Ideal ist ein einfühlsamer Prinz, der sie versteht und sie mit allen Stärken und Schwächen liebt.

CINDERELLA
23. Juli - 23. August

Der große Auftritt um Mitternacht liegt Cinderella einfach im Blut. Sie wirft sich das coolste Kleid aller Zeiten über, fährt mit der Kutsche vor und verdreht dem Prinzen auf den ersten Blick so den Kopf, dass dieser das ganze Land nach ihr absuchen lässt. Als Prinzessin de luxe ist sie einfach der Star auf jeder Party. Und auch sonst langweilt man sich mit Cinderella ganz gewiss nicht.

Und das ist Cinderellas Prinz: Cinderella will keinen, der sie nur halbherzig mag. Wenn sie verliebt ist, legt sie sich schließlich auch ins Zeug (dafür engagiert man sogar mal die eine oder andere Fee und schmeißt mit Schuhen um sich). Folglich muss er ebenfalls seine Liebe beweisen und seine Cinderella im Sturm erobern.

ROTKÄPPCHEN
24. August - 23. September

Rotkäppchen hat viele Hobbys – zum Beispiel Lesen. Aber sie setzt sich auch gerne für andere ein. Kaum ist die Oma mal krank, klappt sie ihr Buch zu, packt einen Korb mit Leckereien zusammen und macht sich auf die Reise. Schön, dass man dabei so viel sehen und lernen kann. Für neue Erfahrungen geht sie auch gern mal ein Risiko ein und vom Wege ab. Böse Wölfe lauern schließlich überall.

Und das ist Rotkäppchens Prinz: Viele Rotkäppchen verlieben sich ausgerechnet in den Wolf. Auf Dauer macht sie das allerdings nicht glücklich. Wölfe passen nämlich nicht besonders gut zum Rotkäppchen. Sobald sie sich darüber klar werden, gehen sie meistens dazu über, den Jäger anzuflirten. Richtig gut geht es Rotkäppchen allerdings mit netten und zuvorkommenden Prinzen – solchen, die ihr auch mal den schweren Korb abnehmen.

RAPUNZEL
24. September – 23. Oktober

Hoch in ihrem luftigen Turm schaut Rapunzel hinab auf die Welt. Während sie auf ihren Prinzen wartet, kann sie ihren Gedanken freien Lauf lassen und sich die tollsten Sachen ausdenken – zum Beispiel Strickleitern aus Eigenhaar. Rapunzel hat viel Sinn für Beauty (Haarkuren und so) und Wellness und ist recht harmoniebedürftig (sonst hätte sie sich doch längst mal mit der Hexe angelegt). Und das ist Rapunzels Prinz: Wer eine echte Rapunzel daten will, muss hoch hinaus! Obwohl sie echt lieb und kompromissbereit ist, muss er sich anfangs anstrengen, um sie für sich zu gewinnen. Eine Rapunzel möchte eben romantisch gerettet werden. Sonst bleibt sie lieber mit einem guten Buch im Turm.

FEE NR. 13
24. Oktober – 22. November

Sie ist mysteriös, düster und laut Legende ziemlich rachsüchtig: die 13. Fee aus dem Dornröschen-Land. Wer die Geschichte jedoch aus ihrer Perspektive kennt, der weiß, dass sie einfach nur eine Fee mit vielen Fähigkeiten ist. Eine Fee, die sich nicht übers Ohr hauen lässt und sich hohe Ziele setzt. Fantasievoll und intelligent nimmt Miss 13 alle Hürden und sieht dabei auch noch perfekt aus.

Und das ist der Prinz der 13. Fee: Die Fee will nicht jeden. Der trottelige Prinz aus dem Nachbarland kann lange warten, dass sie mit ihm ausgeht. Und Frösche kommen bei ihr auch nicht weit. Ihr Typ muss geistreich und galant sein, gut aussehend und humorvoll – ungefähr so wie der gestiefelte Kater.

GOLDMARIE
23. November – 21. Dezember

Als Azubi von Frau Holle zeigt die Goldmarie, dass sie im Job einiges leisten kann. Sie ist kommunikativ, interessiert an anderen Menschen und zudem engagiert. Das merkt auch Frau Holle. Schon bald übergibt sie der Goldmarie die Verantwortung für das Wetter. Die macht das super und wird dafür reich belohnt. Denn Goldmarie weiß: ohne Fleiß kein Preis. Und gerade das macht sie einfach so erfolgreich.

Und das ist Goldmaries Prinz: Die emsigen Goldmaries haben immer viel zu tun. Daher übersehen sie im Schneegestöber leicht mal einen Prinzen, der zu ihr hochschaut. Der steht unter Umständen ziemlich lange rum, bis er endlich wahrgenommen und schließlich auch erhört wird. Aber ein echter Winterprinz weiß, dass es sich lohnt, hartnäckig zu bleiben.

Astro-School: Das Lehrer-Horoskop

Manchmal sind Lehrer schwer zu durchschauen. Doch mit etwas astrologischer Hilfe hast du bald vielleicht mehr Durchblick als deine Klassenkameraden.

Zunächst musst du natürlich herausfinden, wann deine Lehrer Geburtstag haben. Okay, das ist der schwere Part. Aber zumindest bei den netten kann man ja einfach mal direkt fragen. Gute Gelegenheiten dazu ergeben sich zum Beispiel auf Klassenreisen oder Wandertagen.

Aber Achtung: Auch hier haben die Sternzeichen natürlich nicht 100 Prozent Einfluss darauf, wie sich deine Lehrer verhalten. Schließlich haben sie im Laufe ihres (Berufs-) Lebens einiges gelernt. Manche haben ihre Schwächen recht gut überwunden, andere haben nach Jahren im Schuldienst ihre ursprüngliche Power verloren und manche wissen einfach nur, wie sie sich erfolgreich verstellen können.

Dennoch kann ein Blick in die Sterne auch hier interessant sein, schließlich kommen manche Eigenschaften der Horoskope doch ab und zu zum Vorschein.

WIDDER 21. März - 20. April

ARCHETYP Der Power-Lehrer – nicht ganz einfach, aber engagiert

STÄRKEN Einsatzbereitschaft

SCHWÄCHE Ungeduld

IM UNTERRICHT Diese Lehrer bieten Action und Einsatz und verstehen Spaß – solange alle mitmachen. Wenn was schiefgeht, können sie sich ziemlich aufregen. Ab und zu gibt es in ihrem Unterricht hitzige Diskussionen.

GERECHTIGKEIT 70 Prozent, denn trotz Fairness kommen Widder nicht mit jedem gut aus.

MAG Schüler, die sich engagieren, und Klassenreisen mit Action-Faktor

MAG NICHT Schüler, denen alles gleichgültig ist, und Teamarbeit mit anderen Lehrern

SO KOMMST DU DURCH IHRE STUNDEN Einfach mitmachen! Nicht rumzicken!

STIER 21. April - 20. Mai

ARCHETYP Der geduldige Lehrer, der Verständnis hat

STÄRKEN Geduld, Freundlichkeit

SCHWÄCHE Kann sich schwer auf veränderte Situationen einstellen

IM UNTERRICHT Diese Lehrer geben sich Mühe, mit allen klarzukommen. Sie wollen auch schwächere Schüler fordern und haben selbst nach dem Unterricht ein offenes Ohr für Probleme.

GERECHTIGKEIT 90 Prozent

MAG Nette Schüler und lange Pausen

MAG NICHT Überdrehte Schüler, hektische Kollegen und Stress

SO KOMMST DU DURCH IHRE STUNDEN Freundlich fragen, wenn du was nicht verstehst!

ZWILLINGE 21. Mai - 21. Juni

ARCHETYP Der Action-Lehrer – fröhlich, aber etwas zerstreut

STÄRKEN Humor, Fantasie

SCHWÄCHE Manchmal etwas oberflächlich, verwechselt Schülernamen

IM UNTERRICHT Diese Lehrer machen immer etwas Neues. Langweilig wird es daher nie. Dafür spielen sie ab und zu den Alleinunterhalter und merken nicht, dass die Schüler nicht mehr bei der Sache sind.

GERECHTIGKEIT 70 Prozent

MAG Aufgeweckte Schüler und große Schulfeste

MAG NICHT Langsame Schüler und strenge (langweilige) Lehrpläne

SO KOMMST DU DURCH IHRE STUNDEN Neue Ideen einbringen und gute Laune zeigen!

KREBS 22. Juni - 22. Juli

ARCHETYP Der launische Lehrer mit der guten Organisation

STÄRKEN Ordnung und Engagement

SCHWÄCHE Ist leider manchmal etwas unberechenbar

IM UNTERRICHT Diese Lehrer machen ihren Job gut: Die Vorbereitung stimmt, die Arbeiten werden rechtzeitig korrigiert und sie sind stets pünktlich. Nur menschlich sind sie manchmal etwas schwieriger und schwanken dann zwischen supernett und empfindlich.

GERECHTIGKEIT 80 Prozent

MAG Ehrgeizige Schüler, erprobte Lehrpläne und Ruhepausen

MAG NICHT Schüler, die schluderig arbeiten, und planlose Klassenreisen

SO KOMMST DU DURCH IHRE STUNDEN Lass dich nicht von ihren Launen irritieren und bleib gelassen!

LÖWE 23. Juli - 23. August

ARCHETYP Der Entertainer-Lehrer

STÄRKEN Sicheres Auftreten

SCHWÄCHE Ist manchmal rechthaberisch

IM UNTERRICHT Löwe-Lehrer stehen gerne vor der Klasse und machen lustigen und unterhaltsamen Unterricht. Dabei gehen sie allerdings weniger auf einzelne Schüler ein, sondern sind mehr mit sich selbst beschäftigt.

GERECHTIGKEIT 60 Prozent

MAG Schüler, die ihm gerne zuhören, und große Auftritte

MAG NICHT Schüler, die dazwischenreden, und Kollegen, die ihn kritisieren

SO KOMMST DU DURCH IHRE STUNDEN Mitmachen, Spaß haben, aber nicht in den Vordergrund drängen!

JUNGFRAU 24. August - 23. September

ARCHETYP Der fleißige Lehrer mit den hohen Ansprüchen

STÄRKEN Fleiß und Lernwillen

SCHWÄCHE Manchmal etwas zu pingelig

IM UNTERRICHT Fortbildungen finden Jungfrau-Lehrer toll. Sie wollen nämlich richtig guten, anspruchsvollen Unterricht machen. Leider verstehen sie es nicht, wenn die Schüler dann nicht absolut begeistert von ihrem Fach sind.

GERECHTIGKEIT 80 Prozent

MAG Schüler, die sich für das Fach interessieren, Extrakurse und Ökoschulen

MAG NICHT Schüler, denen Lernen egal ist, und Hausmeister, die den Müll nicht trennen

Die Hausaufgaben gründlich machen, Interesse zeigen und sich ab und zu freiwillig melden!

WAAGE 24. September - 23. Oktober

ARCHETYP Der humorvolle Lehrer, der manchmal etwas abgelenkt ist

STÄRKEN Gute Laune und Freundlichkeit

SCHWÄCHE Ist manchmal nicht ganz bei der Sache

IM UNTERRICHT Diese Lehrer wollen, dass alle Spaß haben. Darum gestalten sie den Unterricht fantasievoll. Den Überblick haben sie allerdings leider nicht immer. Und die Waage-Lehrer lassen sich leicht ablenken.

GERECHTIGKEIT 70 Prozent

MAG Schüler, die mit ihm lachen können, und lustige Projektwochen

MAG NICHT Schüler, die sich für was Besseres halten, und Frühstunden

SO KOMMST DU DURCH IHRE STUNDEN Sympathie zeigen und sich mündlich beteiligen!

SKORPION 24. Oktober - 22. November

ARCHETYP Der strenge Lehrer mit
dem kühlen Verstand
STÄRKEN Überlegenheit, Führungs-
qualitäten
SCHWÄCHE Ist immer etwas distanziert
IM UNTERRICHT Skorpion-Lehrer haben den Durch-
blick und können sich durchsetzen. Bei ihnen wird nicht
geschummelt und nicht getuschelt. Leicht ist es in ihrem
Unterricht übrigens nicht und auch die Hausaufgaben
sind teilweise echt der Hammer.
GERECHTIGKEIT 89 Prozent
MAG Ehrliche Schüler und schwierige Unterrichtsthemen
MAG NICHT Oberflächliche Schüler und anhängliche
Kollegen
SO KOMMST DU DURCH IHRE STUNDEN Gelas-
sen bleiben und lernen, so gut es geht!

SCHÜTZE 23. November - 21. Dezember

ARCHETYP Der interessierte Lehrer, der sich für alle
einsetzt
STÄRKEN Mag seinen Job
SCHWÄCHE Will zu viel auf einmal erreichen
IM UNTERRICHT Schützen eignen sich gut als Lehrer.
Ihr Unterricht ist spannend und sie bereiten sich gut vor.

Schwierig wird es, wenn sie zu viel auf einmal planen und die Schüler damit überfordern.

GERECHTIGKEIT 90 Prozent

MAG Schüler, denen er helfen kann, und Kulturaktionen (zum Beispiel Schulkonzerte)

MAG NICHT Schüler, die sich für nichts interessieren, und Kritik von Eltern

SO KOMMST DU DURCH IHRE STUNDEN Sich oft melden und engagiert mitmachen, aber auch ehrlich zugeben, wenn die Aufgaben zu viel werden!

STEINBOCK 22. Dezember - 20. Januar

ARCHETYP Der ehrgeizige Lehrer, der alles ganz genau nimmt

STÄRKEN Fleiß und Ordnungssinn

SCHWÄCHE Will immer alles bestimmen

IM UNTERRICHT Bei Steinbock-Lehrern kann man viel lernen – wenn man sich an ihre Pläne hält. Diese Lehrer mögen es nicht, wenn man Dinge anders macht oder ihre Methoden anzweifelt.

GERECHTIGKEIT 99 Prozent

MAG Schüler, die sich an die Regeln halten, und gute Unterrichtsvorbereitung

MAG NICHT Chaotische Schüler und Planänderungen

SO KOMMST DU DURCH IHRE STUNDEN Dich gut organisieren, die Hausaufgaben ordentlich erledigen!

WASSERMANN 21. Januar - 19. Februar

ARCHETYP Der engagierte Lehrer, mit hohen Ansprüchen und Prinzipien
STÄRKEN Ehrlichkeit und super Fachwissen
SCHWÄCHE Ist ziemlich eigensinnig und oft stur
IM UNTERRICHT Wassermänner wollen etwas erreichen! Diese Lehrer setzen sich und ihren Schülern hohe Ziele und wollen dabei auch noch jeden durchbringen. Dabei packen sie die Schüler nicht in Watte und wirken zeitweise wie Sklaventreiber.
GERECHTIGKEIT 90 Prozent
MAG Schüler, die sich anstrengen, und Klassenreisen ins Ausland
MAG NICHT Schüler, die sich nicht verbessern, und Kollegen, die keine Ahnung haben
SO KOMMST DU DURCH IHRE STUNDEN Eigenes Wissen einbringen oder kluge Fragen stellen!

FISCHE 20. Februar - 20. März

ARCHETYP Der sensible Lehrer, dem ab und zu alles zu viel wird
STÄRKEN Lässt sich super motivieren
SCHWÄCHE Setzt sich zu hohe Ziele und ist dann gestresst
IM UNTERRICHT Die fantasievollen Fische-Lehrer

wollen alles richtig machen und noch dazu beliebt sein. Deshalb geben sie sich unheimlich viel Mühe. Manchmal sind sie am Ende des Schuljahrs total erschöpft.

GERECHTIGKEIT 50 Prozent, da abhängig von der Gefühlslage

MAG Schüler, die ihn mögen, und Lob von Kollegen

MAG NICHT Schüler, die über ihn lachen, und Zank im Lehrerzimmer

SO KOMMST DU DURCH IHRE STUNDEN Aufmerksam und ruhig am Unterricht teilnehmen und die Fische-Lehrer nicht verunsichern!

Das Astro-Finale –
Test: Wie wichtig sind die Horoskope?

Hier kannst du dich noch einmal testen. Wie astrologisiert ist dein Leben wirklich? Bist du ein echter Astro-Fan? Gehst du ohne Horoskop nicht mehr aus dem Haus? Oder ist es dir egal, was die Sterne sagen?

Kreuze die Aussagen an, die für dich zutreffen, und schaue anschließend in die Punktetabelle.

1.) Wann hast du zuletzt dein Horoskop gelesen?

a) Vor weniger als drei Stunden

b) Irgendwann diese Woche

c) Das ist länger her

d) Ich lese nie mein Horoskop

2.) In einer Zeitschrift liest du, dass dein Sternzeichen gerade super Flirt-Chancen hat. Was machst du jetzt?

a) Gar nichts! Das ist doch eh totaler Quatsch.

b) Ich weiß nicht. Vielleicht trifft das auf mich gar nicht zu.

c) Cool! Das sind ja echt gute Nachrichten.

d) Mal sehen, ob es klappt. Ich lass mich überraschen.

3.) Du hast einen supersüßen Jungen kennengelernt. Von den Sternzeichen her passt ihr allerdings nicht zusammen. Was jetzt?

a) Wie blöd! Aber ich bleibe bei ihm und hoffe, dass es klappt.

b) Klarer Fall: Ich mache Schluss. Das geht gar nicht!

c) Unsinn! Woher wissen die Sterne, was ich brauche?

d) Ich denke, es wird trotzdem klappen. So ernst nehme ich die Sterne nicht.

4.) Am Wochenende wirst du deinen Schwarm bei einer Party treffen. Wie bereitest du dich astrologisch darauf vor?

a) Ich lese mein Horoskop und schaue dann nach, wie sein Sternzeichen so drauf ist.

b) Horoskop? Wie soll mir das helfen? Ich regele das auch ohne die Sterne!

c) Vielleicht schaue ich spaßeshalber mal in mein Horoskop.

d) Ich berechne seinen Aszendenten und bestelle ein umfangreiches Partnerhoroskop.

5.) **Dein Horoskop kündigt an, dass du eine Unglücks-phase haben wirst. Wie reagierst du?**

a) Was? Ich melde mich sofort krank und suche meinen Glücksbringer!

b) Echt, wer glaubt denn so was? Ich kümmere mich selbst um mein Glück.

c) Unheimlich! Aber da kann man nichts machen. Mal sehen, was passiert.

d) Mein Horoskop stimmt nicht immer. Vielleicht ist es ja jetzt auch falsch.

6.) **Du planst eine Party. Spielt dein Horoskop eine Rolle für den Termin?**

a) Ich gucke schon ins Horoskop, aber ich habe auch andere Gründe.

b) Eher nicht. Ich gucke lieber, wann meine Freunde Zeit haben.

c) Aber sicher! Am nächsten Freitag stehen die Sterne besonders gut.

d) Blödsinn! Was haben die Sterne mit meiner Party zu schaffen?

7.) **Bestimmen die Sterne dein Schicksal?**

a) Absolut!

b) Manchmal schon. Ich denke, sie spielen zumindest eine Rolle.

c) Von wegen! Ich selbst bestimme mein Schicksal!

d) Eher nicht, aber wer kann das schon genau sagen.

8.) **Erkennst du bei anderen Leuten auf Anhieb das Sternzeichen?**

a) Ich glaube nicht. Geht das denn?

b) Nö! Wie soll das denn gehen?

c) Aber sicher! Ich weiß sofort, ob jemand Waage oder Stier oder Löwe ist.

d) Also ab und zu liege ich da schon richtig.

Punkte

	a	b	c	d
1	3	2	1	0
2	0	1	3	2
3	2	3	0	1
4	2	0	1	3
5	3	0	2	1
6	2	1	3	0
7	3	2	0	1
8	1	0	3	2

AUSWERTUNG

0 bis 6 Punkte
Typ: Die Astro-Hasserin

Oha, du hältst ja wenig von Horoskopen! Du findest sie sogar total albern! Für dich sind die Sterne einfach nur leuchtende Punkte am Himmel. Aber wie kommt es dann, dass du trotzdem dieses Buch gelesen hast? Lag es bei einer Freundin rum? Hast du eine Wette verloren und musstest es kaufen? Oder war es ein Geschenk?
Egal, Hauptsache, du hattest beim Lesen trotzdem deinen Spaß! :-)

7 bis 12 Punkte
Typ: Die Astro-Zweiflerin

Horoskope sind nicht so ganz deine Welt. Ab und zu schaust du aber trotzdem rein – zum Beispiel, wenn du eine Zeitschrift durchblätterst. Vielleicht ist es ja auch schon vorgekommen, dass ein Horoskop bei dir tatsächlich gestimmt hat. Eine wichtige Rolle spielen die Sterne für dein Leben jedoch trotzdem nicht. Du gehörst zu den Menschen, die nicht unbedingt an Vorhersehung glauben … und doch gibt es einen kleinen Teil in dir, der sich manchmal fragt, ob an der Astrologie nicht doch etwas dran ist.

13 bis 18 Punkte

Typ: Die Astro-Freundin

Du hast eine super Einstellung, wenn es um Horoskope geht. Einerseits machen sie dir Spaß und du ziehst sie auch schon mal zu Rate, andererseits lässt du dich nicht komplett von ihnen beeinflussen. Du glaubst daran, dass man sich nicht nur von den Sternen leiten lassen sollte, sondern auch selbst etwas für sich tun muss. Es kommt eben auf die richtige Mischung an.

19 bis 24 Punkte

Typ: Das Astro-Fan-Girl

Es ist schön, dass du dich so für das Thema Horoskope interessierst. Allerdings solltest du nicht alle deine Entscheidungen von ihnen abhängig machen. Sie können ein Wegweiser sein, dürfen aber niemals deine eigenen Urteile und Entscheidungen ersetzen. Wenn du zum Beispiel in jemanden verliebt bist, spielt es letztendlich keine große Rolle, ob er ein Wassermann ist oder ein Löwe. Was zählt, ist, wie sehr du ihn magst!
Vielleicht kannst du ja versuchen das Thema Horoskope in Zukunft etwas lockerer zu sehen.

DAS KLEINE LEXIKON
DER ASTROLOGIE

Wenn Profi-Astrologen so richtig loslegen, werfen sie mit ziemlich komplizierten Begriffen um sich. Da geht es dann um Sextile und MCs, um Aszendenten und Dekaden. Doch was bedeuten diese Wörter? Hier findest du Erklärungen für die wichtigsten Horoskop-Vokabeln.

ASPEKTE Jetzt wird es so richtig kompliziert! Astrologen sprechen von Aspekten, wenn die Planeten in bestimmten Positionen zueinander stehen – also zum Beispiel in einem bestimmten Winkel. Um es zusätzlich kompliziert zu machen, werden diese ganzen Planeten-Konstellationen auch noch mit Fremdwörtern benannt. So gibt es »Konjunktionen«, »Oppositionen«, »Sextile«, »Quadrate« und »Trigone«. Manche Aspekte sind harmonisch, andere sorgen für Spannungen.

ASTROLOGIE Die Astrologie ist die Lehre von dem Einfluss der Sterne auf das Schicksal der Menschen.
Das Wort »Astrologie« kommt von den griechischen Wörtern »astron« und »logos« – »Stern« und »Lehre« oder auch »Vernunft«. Astrologie bedeutet also »Sternenlehre«.

Die Sternenlehre ist schon sehr alt. Von Anfang an beobachteten die Menschen nicht nur die Erde, sondern auch den Himmel. Dabei stellten sie sich irgendwann die entscheidende Frage: Kann der Lauf der Gestirne etwa Hinweise auf Ereignisse auf der Erde geben? Das war die Geburtsstunde der Astrologie. Wissenschaftler haben herausgefunden, dass es bereits im 7. Jahrhundert vor Christi Geburt astrologische Berechnungen gegeben hat! Das war in Babylonien. Praktiziert wurde die frühe Astrologie dann in unterschiedlichen Teilen der Welt: Ägypten, China, Indien, Persien und auch Griechenland. In unserer Gegend interessierte sich damals noch keiner für Sternendeutungen. Erst später kam die Sternendeutung auch zu uns, wurde dann aber durch das Christentum wieder etwas verdrängt – schließlich wurde die Astrologie zeitweise von der Kirche verboten.

Erst ab dem 14. Jahrhundert – dem Beginn der Renaissance – fanden die Europäer wieder Interesse an den Sternen und erklärten die Astrologie zur Wissenschaft – bis im 17. Jahrhundert das sogenannte Zeitalter der Aufklärung kam und die Menschen weniger an Übernatürliches glaubten.

Einen neuen Astro-Trend gab es dann wieder Ende des 19. Jahrhunderts (also um 1890).

Heute ist die Astrologie immer noch sehr beliebt. Als Wissenschaft wird sie allerdings nicht anerkannt. Man spricht in diesem Fall von einer Pseudowissenschaft oder auch Parawissenschaft.

ASTRONOMIE Die Astronomie ist die wissenschaftliche Lehre der Sterne. Man könnte sie als »Sternenkunde« bezeichnen. Früher war sie sehr eng mit der Astrologie verwandt. Heute ist die Astronomie eine eigene Wissenschaft, die nichts mit Horoskopen und Zukunftsdeutungen zu tun hat.

ASZENDENT Der Aszendent bestimmt im Horoskop, wie wir uns der Außenwelt zeigen. Für seine Berechnung braucht man den Geburtszeitpunkt (Datum und Uhrzeit) sowie den Geburtsort. Im Internet gibt es verschiedene Seiten, auf denen man seinen eigenen Aszendenten herausfinden kann.

DEKADE Jedes Sternzeichen ist in drei Zeiträume aufgeteilt: die erste, zweite und dritte Dekade. Menschen, die in der ersten Dekade geboren sind, ähneln noch ihrem vorangehenden Sternzeichen (Beispiel: Eine »Erste-Dekade-Waage« ähnelt teilweise noch dem Sternzeichen Jungfrau), die mittlere Dekade ist besonders typisch für das Sternzeichen und die dritte und letzte Dekade ähnelt schon dem folgenden Sternzeichen (Beispiel: Ein »Dritte-Dekade-Stier« ähnelt einem »Zwilling«).

ELEMENT Die zwölf Sternzeichen werden vier Elementen zugeordnet: Wasser, Feuer, Erde und Luft. So haben immer drei der zwölf Sternzeichen ein gemeinsames Element.

Im chinesischen Horoskop gibt es übrigens etwas andere Elemente: Metall, Holz, Feuer, Wasser und Erde.

HÄUSER Astrologen sprechen oft von »Häusern«. Damit meinen sie keine echten Gebäude, sondern Etappen im persönlichen Horoskop. Sie berechnen, in welchen Etappen die verschiedenen Planeten zum Zeitpunkt deiner Geburt standen. Jeder Planet hat nämlich einen eigenen Einfluss auf den Menschen. Insgesamt gibt es zwölf Häuser. Jedes Haus steht für einen bestimmten Lebensbereich – zum Beispiel »Begabungen«, »Arbeit«, »Liebe« oder »Freundschaft«.

HOROSKOP Das Wort »Horoskop« stammt – genau wie das Wort »Astrologie« – aus dem Griechischen und bedeutet übersetzt so viel wie »die Stunde beobachten«. Unser Horoskop mit den zwölf Tierkreiszeichen stammt aus dem Orient.

Um ein Horoskop zu erstellen, muss man wissen, wie zu einem bestimmten Zeitpunkt an einem bestimmten Ort die Planeten standen. Früher mussten die Astrologen dafür komplizierte Berechnungen anstellen. Heute wird die Arbeit durch Computer erleichtert.

IC Der IC (Imum coeli) ist in der Astrologie nicht etwa ein Zug, sondern ein Punkt im Horoskop – und zwar der tiefste Punkt. Er symbolisiert das Unterbewusstsein und wird von Astrologen auch »Himmelstiefe« oder »Nadir« genannt. Profi-Astrologen erfahren über den IC im Horoskop etwas über den geheimen »Motor« einer Person, also was sie berührt und vorantreibt.

MC Wer sich mit Horoskopen beschäftigt, stößt irgendwann nicht nur auf den IC, sondern auch auf den MC, den Medium coeli – auch Himmelsmitte genannt. Einfach ausgedrückt ist er der höchste Punkt in einem Horoskop. Dieser Punkt verrät dem Profi-Astrologen zum Beispiel etwas darüber, welche (beruflichen) Aufgaben eine Person in ihrem Leben sucht und wie sie sich verhält. Auch steht der MC für den bewussten Teil der Person – während der IC für das Unbewusste steht.

MOND Der Mond steht im Horoskop für das Gefühl. Je nachdem, in welchem Sternzeichen der Mond gerade zum Zeitpunkt deiner Geburt stand, ist auch deine Gefühlslage ausgerichtet.

Im indianischen Horoskop ist mit dem »Mond« außerdem die Jahreszeit gemeint. Es gibt bei den Indianern zwölf Monde. Zum Beispiel den »Mond der großen Winde«.

PLANETEN Die Position der verschiedenen Planeten ist die Grundlage eines Horoskops. Jeder Planet hat eine eigene Bedeutung:

♃ **JUPITER** Optimismus, Zuversicht, Entfaltung

♂ **MARS** Tatkraft, Mut, Selbstvertrauen

☿ **MERKUR** Kommunikation, Handeln, Kontakt zu anderen

☽ **MOND** Psyche, Seele, Unterbewusstsein

♆ **NEPTUN** Sehnsucht, Instinkte

♇ **PLUTO** Macht, Urkraft

♄ **SATURN** Konzentration, Tradition

☉ **SONNE** Persönlichkeit, Individualität

♅ **URANUS** Originalität, Eingebungen

♀ **VENUS** Liebe, Genuss, Gefühl

SOLARHOROSKOP Ein Solarhoroskop ist ein Jahreshoroskop. Es gibt also Informationen darüber, was in einem Jahr zwischen zwei Geburtstagen alles passiert.

SONNE Die Sonne wandert innerhalb eines Jahres durch die zwölf Sternzeichen. Sie bestimmt, welches Sternzeichen du hast. Stand sie zum Zeitpunkt deiner Geburt zum Beispiel im »Löwen« hast du auch das Sternzeichen Löwe.

TIERKREIS Der Tierkreis zeigt alle Sternzeichen mit ihren Symbolen. Er funktioniert wie eine Jahresuhr, wie du auf der folgenden Zeichnung sehen kannst.

151

NACHTRAG

Als ich das Buch schrieb, habe ich mir vorgestellt, dass es vielleicht zu Mädelsabenden und Pyjamapartys oder auf Klassenreisen mitgenommen wird. Mein Ziel war es, euch gut zu unterhalten! Ich hoffe, dass mir das gelungen ist und euch »Typisch! Was dein Sternzeichen über dich verrät!« Spaß gemacht hat.

Wer enttäuscht ist, weil das Astro-Wissen nicht wissenschaftlich genug erscheint oder nicht ausführlich genug beschrieben ist, sollte sich in der Buchhandlung nach Sachbüchern zum Thema Astrologie umschauen. Eure Buchhändlerin oder euer Buchhändler kann euch bestimmt beraten, welches Werk für euch geeignet ist.

Anders als gedacht

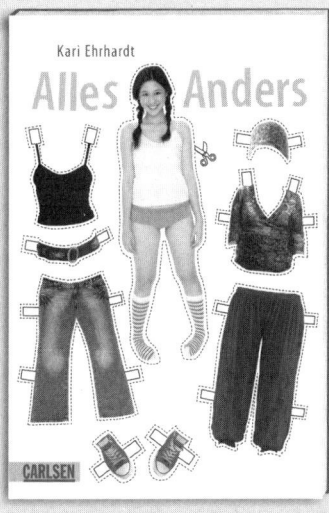

Kari Ehrhardt
Alles Anders
208 Seiten
Klappenbroschur
ISBN 978-3-551-58174-7

»Heute ist Donnerstag, der 14. Juli. Es ist 17:39 Uhr und ich habe seit genau vier Jahren, elf Monaten und 22 Tagen ein Problem: meine Identität. Ich wäre gerne normal. So richtig normal.« Das ist Aphroditas sehnlichster Wunsch. Denn bisher ist sie alles andere als normal, mit einem goldenen Klo im Zimmer und ihren roten Pluderhosen.

CARLSEN
www.carlsen.de

Bist du bereit?

Caja Cazemier
Wo geht's hier zur Liebe?
224 Seiten
Klappenbroschur
ISBN 978-3-551-35763-2

Das erste Mal – wie wird es wohl sein und wann bin ich dafür bereit?
Bisher hat Tosca von der Liebe nur geträumt. Das ändert sich, als sie auf einem Konzert einen Jungen sieht, der sie mitten ins Herz trifft. Aber sie verliert ihn in der Menge und gerät in ein Abenteuer, das sie so nicht wollte. Es ist ein Abend, der alles verändert. Plötzlich ist da nur noch eine einzige Frage in ihrem Kopf: Wo geht's hier zur Liebe?

Leben, ich komme

Maja von Vogel
**Mein neues Leben
und ich**
176 Seiten
Klappenbroschur
ISBN 978-3-551-35784-7

Als ihre Eltern entscheiden, für ein Jahr nach Texas zu gehen, ist das für die 16-jährige Leo eine Katastrophe. Sie will nicht weg! Zum Glück hat Tante Inge die rettende Idee: Leo könnte mit ihrer Cousine Sabine zusammenziehen. Die studiert Medizin und Leo freut sich schon auf eine coole WG mit vielen Partys. Von wegen! Sabine ist leider ziemlich uncool. Erst als Leo Luke kennenlernt, findet sie Gefallen an der neuen Stadt, der Liebe – an ihrem neuen Leben!

Alles für die Kuh

Catherine Gilbert Murdock
Wir Kühe
272 Seiten
Taschenbuch
ISBN 978-3-551-35839-4

32 Kühe versorgen! Seit ihr Vater sich die Hüfte ge-
brochen hat, bleibt alle Arbeit an der 15-jährigen DJ
hängen. Aber dass ausgerechnet Brian, der Football-
Star der Nachbarschule, auf der Farm mithelfen soll,
findet sie unmöglich. Denn er ist ein Angeber, hat
keine Lust auf Heuernte und wirft ihr vor, sie führe
das Leben einer Kuh! Allerdings macht es Spaß,
mit Brian Football zu spielen. Und mit ihm zu reden. .
Doch nie im Leben würde er mit einer Kuh ausgehen.
Oder?

Den oder keinen!

Karin Kampwerth

**Schnapp ihn dir –
So fängst du dir deinen
Traumprinzen**
128 Seiten
Taschenbuch
ISBN 978-3-551-35708-3

Nichts ist schöner, als verliebt zu sein! Doch wie
angelt man sich seinen Traumprinzen? Und wie kann
man erkennen, ob sich hinter einem Frosch tatsächlich ein Prinz verbirgt und keine Niete? Hilfe naht: Mit
dem Jungs-TÜV, Ratschlägen für das erste Date, dem
Drei-Stufen-Programm der Liebe und vielen weiteren
heißen Tipps und coolen Tricks.
Damit steht der großen Liebe nichts mehr im Wege.

www.carlsen.de

Alles rund?

Carolyn Mackler
**Die Erde, mein
Hintern und andere
dicke runde Sachen**
256 Seiten
Taschenbuch
ISBN 978-3-551-35664-2

Es kann schon eine Strafe sein, in einer perfekten
Familie zu leben, in der alle schön und erfolgreich
sind. Das findet jedenfalls Virginia, die Donuts jedem
Rohkostteller vorzieht und lieber Baseballspieler
anhimmelt, als selbst zum Sport zu gehen. Mit ihrem
viel zu großen Hintern und ihrem viel zu kleinen
Selbstbewusstsein ist sie nämlich alles andere als
perfekt. Aber ist das wirklich so wichtig?

www.carlsen.de

Flirtalarm!

K. Kampwerth / C. Streng

**Flirten –
Bis die Funken fliegen**

128 Seiten
Taschenbuch
ISBN 978-3-551-35706-9

Wer kennt das nicht: Man steht vor seinem Schwarm
und bringt vor lauter Aufregung kein Wort heraus.
Zum Glück kann man Flirten aber lernen! Denn mit
der richtigen Flirtstrategie, dem passenden Timing
und einigen heißen Tipps und coolen Tricks kann
jeder zum Erfolg kommen.
Der erste Schritt ist gar nicht so schwer. Probier es
aus!

Du entscheidest!

Henriette Wich
Frosch oder Prinz?
Sieben Chancen für die Liebe
192 Seiten
Klappenbroschur
ISBN 978-3-551-35686-4

Valeries Leben könnte nicht aufregender sein! Sie ist verliebt bis über beide Ohren. Wenn sie nur wüsste, welche Taktik die beste ist, um ihren Schwarm für sich zu gewinnen: ein kitschiger Liebesbrief oder doch besser eine Einladung zu einem coolen Fotoshooting ? Überhaupt gibt es viel zu viele Fragen, auf die Valerie keine Antwort hat, denn: Liebe ist Verwirrung pur! Entscheide du für sie – der Ausgang der Geschichte liegt in deiner Hand!